Shine

20 Secrets to a Happy Life

20個從內到外的
生活約定

讓 我 把 日 子 過 得 明 朗 一 點

Shannah Kennedy, Lyndall Mitchell
香娜·甘迺迪、琳黛·密契爾——著　　謝靜雯——譯

謹以此獻詞致讀者——
願你們運用在本書所發掘的生活技能，
充分掌握核心關鍵，
進而活出歡欣鼓舞、真切實在與平靜自信的人生。

這本書也要獻給我們的孩子，
傑克、波琵、米亞和葛瑞絲。
你們即代表我們的核心關鍵。

獻給我們各自的丈夫麥克和史考特，
感謝你們持續不輟地支持，
也謝謝你們全心全意地相信我們的願景。

序言

　　這本手冊是你在人生旅程當中，可供求助的重要資源與靈感，不管你的年齡和性別，也無論老少。在這本簡單的書裡，蘊藏了關鍵基本的美好生活技能，是學校從沒教過你的。這本書適合地球上的每個人，這本指南會支持、協助、啟發你，活出完滿豐富的人生。一旦這些技巧付諸實踐，便會對你的人生道途帶來重大影響，最終成為你一生幸福的關鍵。

　　我們生於瞬息萬變的時代，有時候人生可能會相當艱難。我們時時被拉往不同的方向，掙扎著應付外在因素所引發的壓力，最重要的是，我們往往也給自己施壓。我們生活在一個因為「時間飢荒」（time famine）、「物窒欲」（stuffocation）與對娛樂上癮而忽視教育的世界裡。所以我們應該要回歸生活基本面及核心事務上，消除一些噪音和令人分神的事物。現在是時候開始再次帶著目標生活了。

書中每一章節都很簡短，富有教育意義，且極為實用，能夠真正地啟發人心。每一章都說明一項人生技能——這個技能指的是什麼？為什麼你應當充分掌握？——還包括實用性十足的「教你怎麼做」課程。我們分享的構想雖然簡單，不過一旦你鼓起勇氣實踐，讓它們成為日常習慣的一部分，最終就能扭轉乾坤。你可以透過書中收錄的訣竅和練習來發展你的自信，提升自己的能力，並善用書中的觀念，跟日漸茁壯和蒙受啟發的自我產生連結，這麼一來，你就已經準備好擁抱自己喜歡做的事情。是時候清醒過來、好好過日子了——專注在這些關鍵的核心事務上，便能感到活力十足、靈思泉湧、幸福快樂，人生旅程掌控在自己手中。

當你學習並運用這些方法和技巧時，要全心將這些關鍵技巧化成新的日常習慣。你的收穫就是提升自己的

這是你的人生。
做關鍵的事，追求盡善盡美。

人生——你會進入一級遊戲裡，在更高、更真實的層次上體驗幸福。

1 清明

釐清自己的困惑與動機

釐清自己的困惑與動機，會給你洞見、意義和方向。

清明是如此單純的字眼，對生活的動力和靈感，卻又是如此關鍵。一旦知道自己是誰、要往哪裡去，以及如何到達目的地，就會減輕你的負擔，照亮你的旅程。在人生中保持清明，可以讓你從乘客座移往駕駛座，獲得控制權，對眼前的機會之路感到興奮。

領導者、扭轉乾坤者、傑出的溝通者和真正幸福的人，都擅長自我連結與覺察，對於自己的行事動機，心裡都有底。他們無時無刻不清楚自己的目的、理由或讓他們每天起床的信念。

如果缺乏洞見，你會發現自己只是仰賴別人的意見跟贊同，停留在自己的舒適區裡，而不是經過透澈思考，投入冒險，以便更上一層樓。你可能還會發現自己處於防備狀態，無法完全敞開心胸接受恭維與讚美。

為了在生活中感到不可思議的**自由**，你必須時時清楚這三個問題的答案——

1. 你在**做什麼**事情？

2. 你**怎麼做**這件事？

3. 你為什麼要做這件事？

每天接觸這些關鍵而有力的問題，可以讓你跟自己的心態、內心、目的、深受啟發的自我保持聯繫，這是值得養成的習慣。答案就在你心中；一旦你擁有找出答案的方法，就可以建立自尊，撥開你心裡和日常生活中的迷霧。

答案一旦清明起來，你就能夠聽見自己的聲音，找出屬於你獨一無二的路徑，而不是別人的道途。你會專注在為自己的人生帶來價值，而不是跟其他人較量，也不會困在分心、拖延，以及無腦、無意義的娛樂中。從此你將獲得專注力、靈感、動力、幸福與願景，通往未來的路將在你眼前展開，讓你向前邁進，找到人人都需要與渴望的內在平靜和諧。這種清明會讓你願意無怨無悔地付出，擁抱每一天。

想要讓內心清明，第一步就是捫心自問最有力量的問題，好好思考，直到答案清晰起來。模糊的答案與問題會導致同樣模糊的結果，最後讓你覺得自己只是湊合著過日子，而不是勇於把握人生，懷抱最好的意圖投入其中。所以，花一點時間深入探究，找出如水晶般澄澈的清明，把個人當成企業經營，為自己打下根基。一旦懂得提出更優質的簡單問題，就會為你的生活帶來更好的結果，無論是對個人或事業都有好處。

如果你對自己的**為什麼**有深入透徹的理解，你就永遠能找出自己想做**什麼**和**如何**達成。如果你無法洞悉自己的重大動機（亦即**為什麼**而做），那麼你永遠都會有藉口，說自己不知道要做**什麼**、該**怎麼**做，放任自己毫無作為，不好好生活，不去追求絕對最好的自己與最能大放異彩的自己。

為了讓你回歸真正的自我，跟你的個人根基、核心本質產生連結，清楚自己想要什麼樣的人生旅程，不妨從問自己這些簡單而有力的問題開始：

——對我來說，誰或什麼最重要？

——我現在想做什麼？

——誰及／或什麼能夠啟發我？

——兒時讓我最快樂的是什麼？

——如果我不害怕，我要做什麼才能往前走？

——如果沒有工作，我要怎麼度過一天？

——我目前在忍受什麼？

——我希望三年內我的人生看起來如何？什麼樣的心態最適合幫助我前進？

——哪些心態、身體狀態、情緒可能會阻礙我們前進？

——我希望別人怎麼記得我？

保持清明能協助你得到應對人生各種處境的技巧，引導你做出支持自己的決定，而非扯自己後腿。自尊建立在自重、正直和真實上，而這一切均來自基本知識，以及身心靈的合一。知道這些問題的答案，永遠可以幫助你再次感受真實的自我，讓你的身體放鬆自在，並且發展出健康正面的人生態度。

為了讓你在事業和人際關係上，不論內在或外在，都擁有長長久久的幸福，你必須在不迷失自我的前提下，找到清明的洞見，掌握應變的能力。

不出戶，知天下；
不窺牖，見天道。①

—— 老子

① 編按｜
不用出門就知天下事，不用看窗外就知道天道的運行。
意指我們必須靠內在自省，才能真的領悟世事人情。

2

消除雜亂

讓生活簡單

騰出空間，
以便享有創意、隨性和自由。

你的環境忠實反映出你對人生的信心狀態。整潔、開放、滋養靈魂的空間，會提供你身心呼吸、成長和維持判斷力的空間。周遭環境會深刻影響你的態度、你對人生和幸福的體驗，決定你每天可能經歷的壓力指數。你在簡單乾淨、井然有序和明亮的空間時，最能夠展現具生產力、動力十足和活力充沛的自我，將人生提升到新的高度。

人生中值得追求並擁抱的幾項特質裡，最有價值、卻最受到世人低估的，便是簡單生活的藝術及訣竅。我們當中有許多人住在充滿「物窒欲」的世界裡，我們擁有的物件定義了我們的身分。簡單代表清明、存在和輕鬆自如，讓你可以清理自己的心靈，這樣就能擺脫絆住你的雜物，懷抱自信繼續踏上旅程。在這樣的狀態下，你會打開機會的柵門，因為你有扎實且運作良好的基本架構和生活風格，可以順應各種變動。

光是想到要過一個乾乾淨淨、沒有囤物的簡單生活，立刻就能讓我們的心靈稍微擺脫束縛。物品減量，就表示我們需要操心、照料、清潔、整理和儲藏的東西變少了。最重要的是，這麼做會讓你在經濟上有更大的安定感，也有時間培養人生中最熱愛的興趣。你會體驗到真正的自由，得以成長，能夠專注在自己的健康跟福祉上，創造更多人生體驗，活得更用心。

雜物相當於受困的精力，呈現出來的外在現象就是物件逐漸累積，無論新舊、珍貴與否或有無意義。當老舊的思緒堵塞在你的身體裡面，你同樣會覺得身體哪裡卡住了，混亂無序，而且，這些想法還會破壞你的日常生活和目標。老套負面的信念和習慣，會對你的身心靈帶來潛藏的重擔和壓力，當我們隨著歲月茁壯成長時，這對我們害處不淺。

在當今的消費主義世界裡，我們常會對自己擁有的物品賦予過多意義，往往因此犧牲了自己的健康、人際關係、成長、切身經驗、鍾愛的事物與對他人付出的渴望。這並不是幸福自在的人生配方。

當你領悟到，維持生活的簡單，無論內在或外在，都是一種關鍵技能時，你就能夠享有全新發掘的自由和自信。這樣一來，你需要操心和照料的物品便會減少，讓你的心騰出空間，有餘裕以更開放的心創造你渴望的人生。

簡單生活的絕佳竅門

—邊走邊清理，採取「只碰一次」策略：不要挪動物品，而是收起來。

—今天替明天做好準備——前一晚就把東西全部整理好。

——在手帳裡建立各種提醒系統，以便充分掌握你的例行公事，確保窗明几淨。

——引進愈多自然光愈好。

——用條理分明的手帳來幫助自己持續掌控日常事務。

——不要把目的和行動搞混了！

清除生活雜物，等於跨出一大步，創造更簡單、更有效率的環境，為你騰出空間來吸引更多新機會，無論在個人或職業層面，都能朝最高福祉邁進。重點在於打造輕鬆自在的生活。雜亂會讓身心處於一種不自在的狀態裡。

一旦搞清楚自己想要創造什麼，清理雜物的過程就會相當有趣、極富創意、值回票價。藉由微調生活中的例行公事，便可以清掉那些榨乾自身能量的事物，讓機會迎面而來。只要簡單自在地過日子，就會為你的生活帶來全新的能量和幸福——你只需要從小處著手，許下努力改變的承諾。記得，你花了這麼多年蒐集積累愈來愈多的物品，所以可能得花點時間才能做出決定，看看什麼要保留、什麼要剔除。最終，長久的幸福不是由物質堆積起來的，而是由人生旅途本身所創造出來的。

在清理雜物、簡化生活時，不妨思索幾個領域：

——個人環境

——經濟狀況

——人際關係
——生活福祉

清理雜物的絕佳竅門

——列出清單，每個月選一天清理一個房間。
——條理分明地安排工作，設定期限，一次清理一個房間的雜物。
——如果清理雜物讓你吃不消，找家人和朋友一起幫忙。
——判斷這個房間是否只需要稍微打理，或是重新整頓，還是乾脆徹底改造。
——檢視房間和櫥櫃裡的物品，擺設是否具有意義和目的？
——捫心自問：「這是必需品嗎？還可以正常使用嗎？我會用

嗎？我為了誰而保留這個？這會帶來喜悅嗎？」

「歸檔、丟棄或捐出你的物品。

「改善每個空間，讓它為你發揮作用——處理起來單純容易嗎？

「舉目所見，這個空間看起來好極了，引進大自然，保留讓你內心歡喜的東西。

時時留意如何維持單純、有序和極簡的生活。核心主義者所過的簡單生活，目標就是在日常生活中少憂慮、多行動。這就代表我們以自在省力的方式，做心中認為對的事情。

天下本無事，庸人自擾之。

——中國俗諺

33

2 消除雜亂

3

價值觀

簡單的日常定位

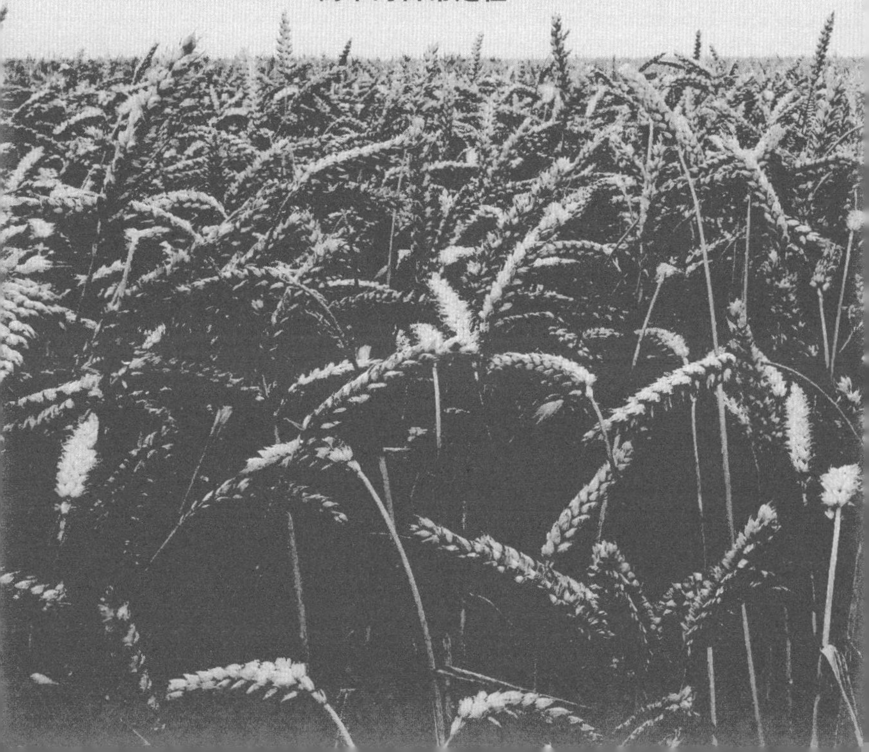

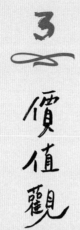

你的價值觀
就是你這個人的精髓。

你的價值觀就是通往真我的大門。價值觀形塑你的思考、言語和行動，是你在人生中最該重視的理想和信念。要注意的是，每個人的價值觀不同，所以充分理解自己的價值觀，對平靜自信的生活來說非常關鍵。

你的價值觀是人生重要的基石之一——只要根據價值觀採取日常行動，你的世界就可以保持簡單，堅守正道。有意識地釐清自己的價值觀，並據此生活，是一項關鍵技能，可以簡化自己的生活，將壓力和焦慮降到最低，展現最有信心的自我。

為了打開深鎖的成功大門，最重要的第一步就是定義你的價值觀。一旦你明白自己的價值觀，它們就會成為你的最佳基準，使你在人生中做出正向的決定。只要你遵循價值觀的指引，決定好輕重緩急和應對之道，等機會一出現，你就可以做出更好的決定，而這些決定將間接影響你的生活，讓你更知足、更快樂、更自信和更滿意。價值觀是情緒智商的基礎，會影響你的行為，指引你因應各種處境。

所謂「價值觀」，指的就是對你而言最重要的事情。透過價值觀的幫助，你可以洞悉此刻的決定能否帶來機會，或者只會讓你偏離目標。價值觀是你的生活指南，教你如何享受最充實的生活，同時代表你這個人的本質。可惜的是，大多數人不曾深思哪些是對自己真正重要的事，就這樣度過一生。而這說明了對許多人來說，人生只是「湊巧發生」在他們身上的事。一旦缺少價值觀，他們就會活得無精打采，覺得自己只不過是「賴活著」而作繭自縛，備感挫折，體驗不到真正的快樂。

價值觀的作用是什麼？

——價值觀能幫助你找到目標。

——價值觀能引導你克服困境。

—價值觀能幫助你整頓亂七八糟的生活。

—價值觀是做決定的基礎。

—價值觀能引導你選擇正確的路途。

—價值觀幫你加強自我感、提升自信。

—價值觀有助於提升整體的幸福和自尊。

你的生活際遇形成你的核心價值，包括父母和家庭、宗教歸屬、朋友和同儕、教育、閱讀的書籍等等，都會對你的核心價值造成影響。有效率的人能夠洞悉這些基本的影響，並且從這些影響中，釐清並發展出明確、簡潔、具有意義的一套價值觀／信念，進而掌握事情的輕重緩急。一旦明確定義出價值觀，價值觀就會影響人生的每個面向。

為了長久的成功，你的目標和人生目的必須奠基於你的價值觀。當你的生活與價值觀不一致，或是出現「價值衝突」的時候，你可能會發現自己過得沒有成就感，或是覺得有點失控。只要慎重思考，有意識地努力釐清自己的關鍵價值觀，並據此生活，你就能將所有生活領域裡的壓力和焦慮減至最小。

一旦你清楚自己的那套價值觀，便能夠保護你免於受到外來的影響，並為你帶來強大的賦權感②。理解自己價值觀的過程，會引導你回歸內在，培養內心的覺察力，洞悉什麼事情對你真正有價值。如果你將人生抽絲剝繭，回歸最根本的骨架，就會清楚看到最基本的重點是什麼。你會發現，對自己的立場抱持堅定信念，做自己重視的事，而不是照別人的意思過日子，生活就會更快樂。

仔細釐清，思考你的生活和價值觀是否一致。

選擇三個對你最重要的價值觀：就是你相信且定義人格的那三個價值觀。然後每天鮮明地活出這些價值觀，不論是在職場或家裡都要如此。活出你的價值觀是最有力量的工具之一，能夠協助你成為自己心目中的完美之人，幫助你達成目標和夢想，領導並影響他人。不要浪費你的最佳機會。

為了讓你有個起步，以下列出一些價值觀，也許可以引起你的共鳴：

② 編按｜
指一種經體驗、學習、互動等過程，讓自己獲得自身相關事務的掌控力，可提升生活品質，促進自信心發展。

家庭幸福 優質時光 建立親密關係	**自我敬重** 自我認同 自豪	**慷慨** 協助他人 改善社會
競爭力 勝出 冒險	**認可** 地位 別人的認同	**智慧** 發現和理解新知
友誼 跟他人親近	**提升** 職涯晉升	**靈性** 堅定的宗教觀 精神信仰
情感 愛 關懷	**健康** 心理健康 身體健康	**忠誠** 奉獻 可靠
合作 跟他人 合作順利 團隊合作	**責任** 承擔結果	**文化** 種族或民族認同
冒險 新挑戰	**名聲** 大眾的認可	**內在和諧** 跟自己和平相處

成就 成就感	**參與** 歸屬 跟他人互動	**秩序** 穩定、服從和 平靜
財力 致富、賺錢	**經濟安全** 豐厚穩定的收入	**創造力** 有想像力 有創新能力
能量 活力 熱情	**快樂** 趣味、歡笑 悠閒的生活風格	**正直** 誠實與真誠 為自己挺身而出
自由 獨立和自主	**力量** 控制力、權威 對別人的影響	**個人發展** 發揮個人潛力

釐清你的價值觀
一一寫下來
並依據價值觀來行動。

4

目標

掌握最重要的事

偉大的目標可以
驅動你、啟發你、幫助你
判定人生的輕重緩急。

為了過個收穫滿滿的人生，設定目標是關鍵的生活技能。你的世界裡有太多複雜的機會和令人分心的事物，目標會為你的世界帶來強大的聚焦感。設定目標，等於決定人生的下一步，這樣你就可以想出如何達成的策略。目標能讓你展開行動，當你依照合理的完成時間、承擔力和後援，訂下簡單的目標，就一定會成功。

目標有助於釐清哪些任務會引導你，完成你在這世上想達成的事情，為你帶來清楚的思考架構，讓你做出聰明的選擇跟決定。目標會簡化你的意圖，提高思考效率，憂慮一掃而空，把你從選擇的折磨中解放出來。寫下目標是讓事情實現的好方法，還可以為你的人生帶來牽引的力量。擁有明確的目標不只給你清楚的目的和方向感，也會增加整體的滿意度和幸福感。

多數人在過生活的時候，懶得費力寫下自己的目標。很少人有特定且可以度量的目標，實際記下來的人更少。而這些人當中只有少部分的人曾擬定明確的計畫，好實現目標。沒把目標寫下來的人，比起那些詳細計畫的人，更容易失敗。

設定目標是種技能，會為你帶來不可思議的日常收穫。擁有清楚定義的目標也會帶來更大的覺察力，在你過著符合自己價值觀與願景的生活時，提醒你留意身旁浮現的新機會。當你朝著願景努力邁進，全心投入和積極進取時，清楚定義的目標會幫你專注於手邊的事。你的目標會讓你浸淫其中，充滿能量，持續專注在自己的任務上，而不是跟著自己的情緒、他人或是人生中你控制不了的一切隨波逐流。

擁有簡單清晰的目標，能夠幫助你衡量自己的進展，進而加強你的動力。當你達成為自己而設的目標時，自信和自尊也會隨之提升。

人們常常會將設定目標的過程複雜化。你的目標不需要很了不起，也不必是翻轉人生的大膽事蹟；可以小如每天早晨下床前先吸三口氣、建立好當天的心態，或是每個星期六不論晴雨都出門散步。

我們設定並實踐的小小日常目標往往會帶來最大的影響力，逐漸養成習慣之後，久而久之便帶來最多的收穫。我們也可以設定報償豐厚的遠大目標，像是創業、投入一段關係、跑一場馬拉松；在既定的時間範圍內，將目標分割成一個個小小的計畫。

設定目標的最佳竅門

—有意識地設定目標。認真看待目標，強烈真心地渴望達成。

比方說，你可能一心想規定自己每週一、三、五的早上六點上健身房，沒有商量餘地。這個目標很簡單，代表現在無須

思考——你可以把這個目標寫在當年度的手帳上，時間到了，就直接從清單上劃掉。

寫下你的目標。大家常常把這句話說成「別光是想，寫下來」，這就是我們實現目標的方式。把目標記在紙張上、白板上，如果有必要就列印出來，確定你每天都可以看到：目標是路線圖，通往你為人生創造的願景。心理教授蓋爾·馬修博士（Dr. Gail Matthews）有項研究發現，寫下目標的人，比起只在腦中想像目標的人，達成的比例高得多。白紙黑字寫下來的目標，能讓你的頭腦清楚，願意全心投入。

想想你理想中的未來，
將你的願景化為真實。

— 這些目標必須很明確。「我想減重」和「我想在五個月內減五公斤」之間是有差別的。在規劃如何達成目標時，定下明確的目標，可以讓過程變得更容易，更能讓你進入行動模式。

— 給自己一個期限。確定自己擬定的時間表是可行的，標注在手帳或行事曆裡。針對自己何時要做什麼，擬出簡單有效的計畫，就會有不可思議的結果。

— 把大目標拆解成小小的行動。在每個目標底下，寫出三個有助於完成計畫的具體行動。比方說「為了在五個月內減五公斤」，我星期一、三、五早上六點會上健身房；我不再喝含糖飲料；我三餐分量會有所節制，減少攝取卡路里。

— 每天評估。未經評估的事情，永遠無法精通或完成。檢視目

標最有效的關鍵，就是日日省思，即使只有五分鐘也好。

- **獎勵自己的成功。細細品味你達成目標的那個時刻，那會讓你充滿鬥志，朝下一個目標的設定而去。**

若你想完成心目中最重要的事情，祕訣在於將目標寫下來，放在每天看得到的地方，不管是貼在冰箱上、汽車儀表板上、手帳折口，放在床邊、皮夾裡，或是用手機天天提醒自己都可以。

目標就是有期限的夢想。

—— 戴安娜．夏夫．杭特
Diana Scharf Hunt

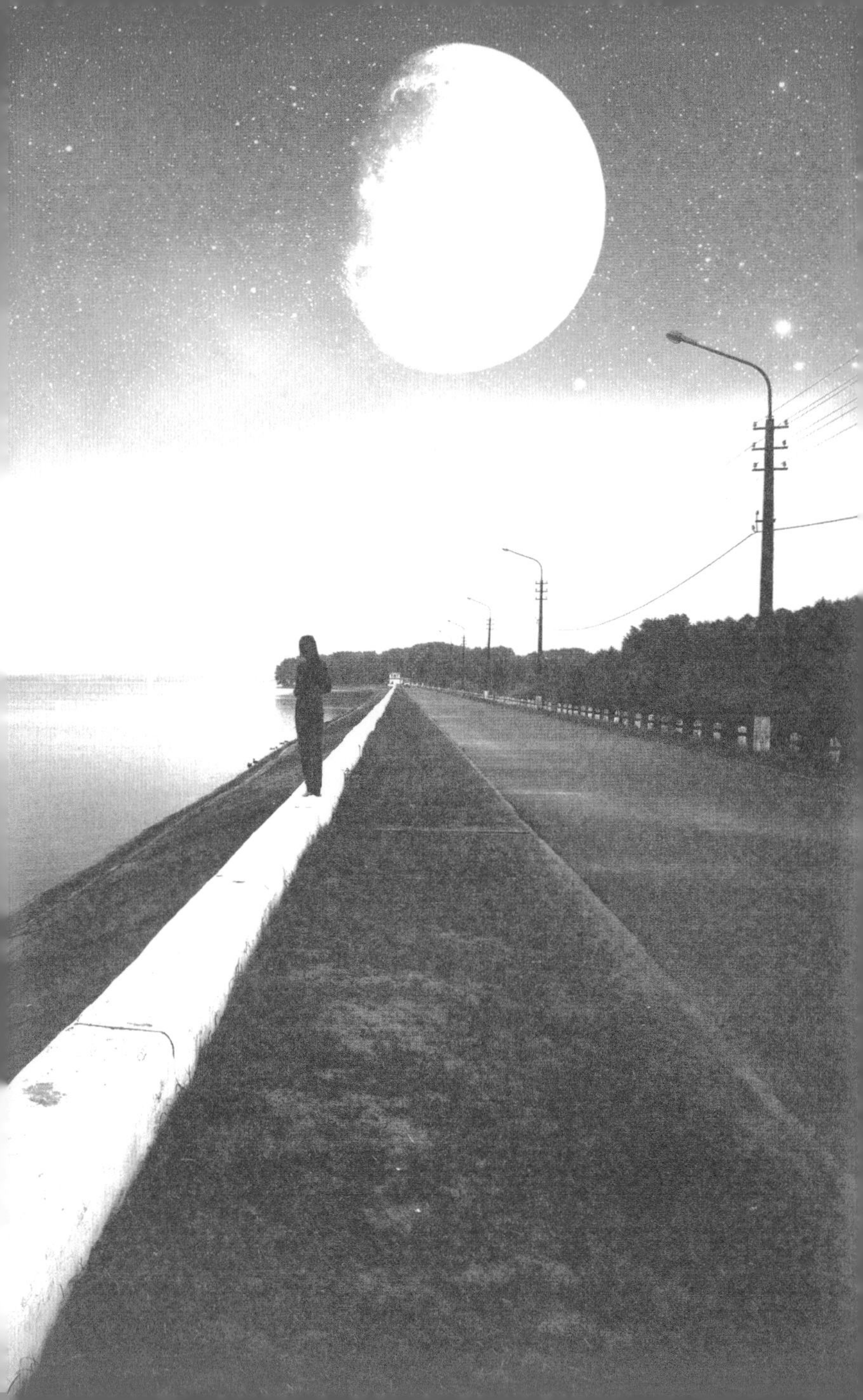

5

心態

設定自己的意圖

你夢想什麼樣的生活，
就要
先擁有什麼樣的心態。

你知道每天可能有平均五萬個思緒竄過你的腦海嗎？大家長年都以為大腦從出生開始就固定了，沒有改變的可能。不過，近年，革命性的研究發現，我們可以訓練大腦，創造新的途徑。訓練你的心靈需要下點工夫用心投入，就像上健身房，你不會只去過一次，就以為自己永遠都會健美下去——同樣地，你不會只做一種訓練心靈的活動，就以為自己從此擁有正面、平靜和自信的思緒。你需要稍微多一點有意識的付出，才能過這樣的生活，可是得到的好處遠勝於付出，也許是你永遠想像不到的。

藉由控制你的思緒，開始讓自己有個聚焦的方向，結果就是生活更開心、更喜樂。你還記得自己在哪些時刻覺得一帆風順、勢不可擋、位處優勢嗎？那些情境有什麼類似的地方？你是不是充滿信心？大腦和思緒就是左右幸福的控制室。

我們最愛的其中一本書就是史丹佛大學的心理學家卡蘿・杜維克（Carol Dweck）所寫的《心態致勝》（*Mindsets*）。卡蘿研究發現，人一般在兩種心態之間擺盪：固定型或成長型心態。當你擁有成長型的心態，代表你相信自己的能力和智慧可以透過培養而提升。而固定型心態則代表你相信自己的能力和智慧已經定型，再也改變不了。研究顯示，成長型心態會幫助學生、運動員和各年齡層的人們培養意志力、決心和工作道德。卡蘿・杜維克針對這個主題的廣泛研究也顯示，比起固定型心態的人，擁有成長型心態的人在學習、成長和成就上都表現得更好，也更快樂。趕緊踏上這條超棒的思路吧！

把你的大腦想成類似電腦的東西，這麼做還滿有幫助的。電腦裡有程式在運作，你隨時都可以更新，讓工作更有效率、更不費力。當你編寫和改進自己的心態程式時，重點在於建立連結，重新調整大腦，花更多時間在正向思考上，讓自己充滿希望、信念、仁慈、愛和感激。你愈常踏上正面情緒的路徑，你的思緒就會愈常選擇那條路。長久下來，自然就會體驗到更多正向經驗和喜悅。

擁有正向心態是一種你可以選擇的生活方式。出色的表演工作者心知肚明，為了達到偶像級地位，擁有正面心態是多麼重要。同樣的原則適用於日常生活。你可以活在恐懼和擔憂的心態中，也可以選擇在充滿信念的心態中茁壯成長。正面的人常常更有自信、更長壽、擁有更快樂的人際關係，甚至降低憂鬱、過度緊張、罹患壓力症候群的可能性。

擁有正向的心態不只是一種令人感覺良好的柔軟說法。沒錯，快樂很棒，可是那些快樂的時刻也很關鍵，可以打開你的心靈，讓你得以探索和培養新能力，而那些能力對你其他的人生領域來說都很可貴。不論是任何人置身於任何情境，幾乎都可以把這些道理運用在人生上，提升自己的正向態度。你可以想像，正向思考會帶來豐富的回報，所以愈常實踐，就會享有愈多好處。別忘了安排時間玩樂和冒險，這樣你就可以在探索和培養新能力的同時，體驗到滿足與喜悅。

創造正向心態的絕佳竅門

——以正面的意圖、宣言或主張開啟一天的生活。訓練你的心靈允許這一天很完美。

你擁有的時間其實就是現在：
是時候放開所有的藉口、理由、理智和怨恨。
今天就是一面嶄新的畫布，一個新開始。

—以正面的評語、省思或行動，開啟你的對話。
—將焦點放在好的事物上，不管多麼微小。
—把失敗化為重大的人生教訓。
—把焦點放在當下，而不是過去或未來。
—用你的手機設定通知，提醒自己注意日常的心態，比方說每天早晨八點手機就自動跳出訊息：「今天會輕鬆自在。」
—你跟誰吃午餐定義了你是誰，所以讓自己身邊圍繞著啟發人心的燈塔型人物、扭轉乾坤者和享受人生的人。
—常常自問：「我（在內心）對自己說話的方式，是不是就像對我最親近的朋友那樣？」如果你用不同的方式對自己說話，想想你可以做出什麼改變，以便改變自己的想法。

當心自己的思緒，它們會化為你的**語言**。
當心自己的語言，它們會化為你的**行動**。
當心自己的行動，它們會化為你的**習慣**。
當心自己的習慣，它們會化為你的**性格**。
當心自己的性格，它們會化為你的**命運**。

63

5 心態

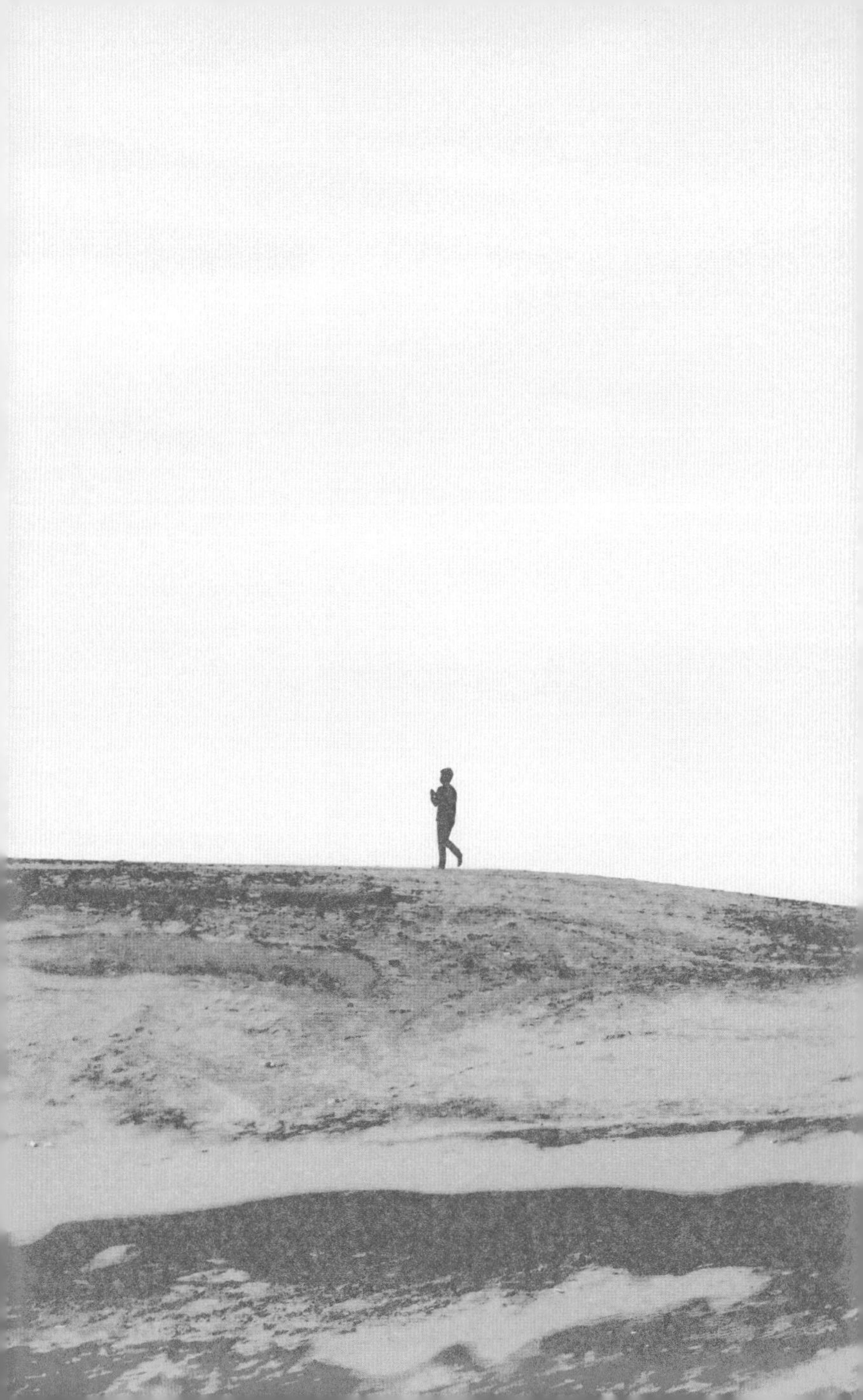

6

強項

駕馭你的潛能

心流對你有益
因為那會讓人感到充實。

當你處於心流狀態，不管你在做什麼，都會變得不費吹灰之力，而且相當愉快。運動員比賽表現臻至顛峰時就會進入這種狀態，藝術家和音樂家沉浸在創作時，也會體驗到同樣的心境。在這種狀態裡，除了手上在做的事之外，什麼都不存在。時間停止。你渾然忘我。你面對的挑戰就是要讓自己的能力發揮到極限——而不是超過極限。

當今的正向心理學家都同意，在生活裡創造更多心流的體驗，是增加正向經驗的具體方式。《這一生的幸福計劃》（*The How of Happiness*）作者索妮亞．柳波莫斯基（Sonja Lyubomirsky）寫道，心流對你有益，因為那讓人感到充實，而且你會從中獲得長久的滿足感，連帶著強化你的信心。

通常你的環境、經驗和你所選擇的價值觀會讓你從中學習，進而塑造出自己的強項。我們都有一套能力，構成獨特的我們；認清自己的強項就能打開鎖鑰，找到那個自信能幹的自我——當我們進入高度心流狀態，那部分的自我就會很活躍。比方說，如果你喜歡裝飾、採買新衣、變換房間布置，你的強項可能是創意、細心和美感。如果你喜歡和人研商新構想、討論計畫和完成任務，你的強項可能是處理人際關係、規劃和策略思考。

大量研究證實，認清你的強項，依照自己的能力生活，對你的福祉和生活體驗會帶來諸多好處。當前的研究顯示，你可能會格外珍惜一份工作、關係、嗜好或機構，因為它們符合你特有的核心強項，讓你可以盡情發揮。事實上，找到善用強項的新方法，就是促進你長久幸福的最佳方式之一。

認清自己的性格與強項，
是邁向更快樂、更真實生活的第一步。

思索個人強項，找出長處的五個緣由：

❶ **讓自己成長：**坐下來寫出你拿手或是表現優異的事情，這樣可以幫助你達成比以往更高的目標。當你有清晰的願景，能夠成就的事情會遠遠超過你原本的想像。

❷ **省下你的時間：**只要找出你擅長的事，就可以節省時間。這個世界需要擁有強項各異、形形色色的人。當你專注在自己擅長的事情上，你就準備好享有長期的成功，而不是浪費時間重學新技能或工作。

❸ **加強你的自信：**一旦你認清自己的強項，不管是什麼，都能加強你的自信。有信心，就會有更高的成就，並且能夠盡興地生活。

❹ **讓自己變成更快樂的人**：當你自我感覺良好，就知道只要自己有心，做什麼都能如願完成。一旦你內心深處知道有一套能力可以帶給你優勢，你就會成為更快樂的人。

❺ **讓自己成為別人的靈感來源**：當你花時間分析自己的強項，就能運用那份認知啟發與引導別人。藉著分享自己的例子，你可以為那些自覺迷失的人帶來隧道盡頭的光亮。

關於強項的主張

我對自己和我的能力有**信心**。

我的強項和天賦會幫助我實現**夢想**。

我每天會愈來愈有**自信**。

心靈的能量
就是人生的關鍵。

—— 亞里斯多德

發揮強項的四個步驟：

❶ **聚焦在你最頂尖的三個強項上。**最好的方式就是省思職涯、人際關係和人生中的「關鍵時刻」，亦即你覺得特別投入、靈思泉湧、自我狀態最佳的時刻。

❷ **利用自己的強項來培養新技能，可以幫助你達成目標。**如果創意是你的強項之一，你平日要怎麼運用這個強項？跳脫舊有的框架，思考如何發揮原本具備的能力。

❸ **就像人生中大多數的事情，平衡就是最佳狀態。**要注意每個強項在過度發揮時，都會產生陰影面。比方說，判斷力是很棒的強項，能夠幫助你做出最佳決定；可是當你開始用更嚴苛的態度批判自己和身邊的每個人，就可能過度發

揮。在發揮所有的強項時，都必須追求平衡。

4 **當你發現某件有挑戰性的事，想想你的強項，還有該怎麼善用優勢，使下一步變得更容易。**記得，大多數的成功都不是一夕之間達成的。

7

動起來

親身體驗最大的幸福

找出適合你的運動處方

動動你的身體就是天然的「特效藥」。如果沒有動作，就沒有舞蹈、工作、遊戲。對於健康和福祉來說，活動既是基礎，也是關鍵，可以改變你的內在和外在世界。動作促進行動力——愈常動，就會動得愈好。能量創造能量，循環不息——這就是一種恆常的舞動。

我們知道健身可以提升血清素，也就是快樂荷爾蒙。不過，運動的其他益處也極具啟發效果。運動會促進身體分泌各種神經傳導物質，像是腎上腺素和對情緒有正向效果的多巴胺，而且運動讓你更容易轉換情緒。一般也認為，運動有助於改善記憶、推理、專注力和解決問題的能力。運動有益於減輕壓力，加強免疫系統的運作及對人生的洞察力。除此之外，對身體還有數不清的好處，像是體重管理、增加肌肉、提高新陳代謝、增加精力與耐力。

我們都知道自己必須運動。身為人類，心血管運動和肌力訓練讓我們受益最多，我們因此變得健康、健美、靈活和強壯，同時擁有最健康的心臟和骨骼。話雖如此，找出你個人的健身特效法，才是讓你長久保持運動習慣的關鍵。

說起運動，人人適用的方式各不相同。幸運的是，我們擁有多元化的選擇，從走路、騎單車、游泳、攀岩、跳舞、跑步到瑜伽、太極拳或皮拉提斯——結合了肌肉伸展、肌力與靈活度。隨著年紀增長，身體跟著變化，我們的例行運動也要跟著調整。要維持一貫的運動習慣，關鍵在於調整內容，以呼應身體的需求。對有些人來說，運動的重點在於團體環境——一起運動或參與賽事。身為個體，我們加入運動族群的理由各不相同。最重要的關鍵就是進行最適合你身體的運動，讓自己可以長期投入。

只要替你的例行運動設定清楚的目標，就可以維持幹勁，因為你有個可供測量的成果做為努力的標竿，不管你的目標是為了某個活動做訓練，或是跑一段距離，還是發展出一定程度的力量、靈活度或耐力。一旦有了運動目標，在你有點洩氣的時候，就可以激勵你，讓你有決心，鼓舞你起床運動。

說到底，運動的重點在於你和你的身體，以及找出最有效的做法。如果你需要一個開始的契機，不要害怕找專業人士幫忙，或是請朋友督促和激勵你。不管你運動的目的是要放鬆、交新朋友、讓紛擾的心平靜下來，或是鍛鍊出敏捷健壯的理想體格，運動是一趟旅程，可以帶給你力量，也可能改變你的人生。記得，邁向幸福安康的路只有一條，就是走出**你自己的路**。

讓你動起來的最佳竅門

——變化就是關鍵。運動的方式非常多元，不妨發揮創意，找到

具挑戰性又讓你樂在其中的方式。

- 運動的黃金時間。我們的生理時鐘和體質各不相同，有些人在一天開始以前的凌晨，狀態最好，有些人則發現傍晚的時段更適合他們。找出對你來說最好的時間。
- 講求實際。對於自己可以投入運動的時間，務求實際，避免拿你的運動時間表跟其他人比較。適合其他人的規畫，可能只會讓你感到挫折。只要你覺得適合，就行動；如果不適合，就找出自己的方式。
- 痛苦瓶頸。痛苦其實是身體的回饋系統，用來自我保護。當我們處於最佳狀態時，不妨儘量挑戰平日的極限，但是剛起步的人必須時時評估不適和痛苦之間的差異。

──十分鐘。只要碰到那種無論如何都提不起勁的日子，就拋開期待，單純動個十分鐘就好。大多時候，你的腦內啡會開始發揮作用，讓你愈做愈順手。如果沒有，至少你嘗試過了，而明天又是新的一天。

8

飲食

補充你的燃料

健康飲食
是種生活風格的選擇
可以讓你的生活漸入佳境。

世上沒有什麼神奇的飲食計畫或配方。不管什麼年紀，日常食物的選擇都會對你的整體健康、情緒與外表造成巨大影響。每天攝入健康均衡的飲食，可以提供身體所需的營養，讓骨骼、內臟和肌肉處於最佳狀態。健康的飲食也有助於維持最佳體重、提升心臟機能、預防糖尿病、改善大腦功能。

健康飲食是種生活風格的選擇，不單只是吃吃喝喝而已。飲食可以提供短期的好處，但是擁有健康的生活風格則帶來長期的影響，可以讓你的生活漸入佳境。簡單來說，營養對健康來說至關緊要。不管你運動得多勤快，如果老吃速食、外帶餐點、加熱即食的食品、加工過的零食，或不適合身體的食物，就很難讓你的身體真正得到滋養，獲得發揮最佳效能所需的能量。

最適合的起步，就是把食物想成你的燃料來源，找出哪種燃料對身體來說最有效用。如果你希望身體有最佳表現，應該提供什麼燃料？一旦確定了最佳的燃料來源，你就可以把焦點放在建立規則上，以便養成習慣。要找藉口輕忽三餐很容易，可是如果真心想維持健康，就必須將營養當成首要之務。

要吃當季食材。
要吃在地食材。
要吃有機食材。
要吃天然食材。

健康飲食的四個步驟：

❶ **保持穩定的規律是關鍵：**你可以培養三餐規律的飲食習慣，這是最能促進健康的做法之一，還能把這種習慣自然納入生活作息中。你的身體會因為規律而茁壯，不管是睡眠品質或腸胃消化都會獲得改善。定時用餐有助於消化，讓你一整天都保持一定的活力。儘量避免每餐間隔過久，

而且理想上，每隔幾小時就吃點健康的零食，可以保持血糖穩定。

❷ **吃當季的農產品**：這麼做可以幫助身體和時令同步。在自然收成的季節食用當地的農產品，可以讓身體和變化不停的季節能量處於和諧狀態。天氣變冷時，理想的飲食是吃溫性食物，例如柑橘類水果、梨子、根莖植物、綠花椰菜、白花椰菜、薑、蒜。到了夏天，你可能會喜歡吃偏涼的食物，例如莓果、西瓜、芒果、荷蘭豆、櫛瓜、番茄、玉米、羅勒、蝦夷蔥、芫荽，因為可以平衡這個季節的熱氣。

❸ **餓的時候才吃**：有時候我們是因為無聊、寂寞、傷心、生

氣或純粹出於習慣，而把東西塞進嘴裡。食物不僅僅是食物，還可以延伸到盤子以外——健康的人際關係、規律的身體活動、實現自我的事業、目標明確的豐富人生，還可以充實你的靈魂，滿足你對生命的渴望。如果你沒有覺察到自己的情緒，就會陷入飲食過量、暴飲暴食的陷阱。你可以從唐璜③的戰士特質獲得啟發，亦即效法力量強大的人如何生活：戰士疲憊時就入睡，休息夠了便起身，餓了就進食。注意自己何時進食，傾聽來自身體的反應。

❹ **為抒壓而吃**：你吃進去的東西對於免疫系統的運作效率有深遠的影響。比方說，如果你壓力特別大，疲憊不堪，不妨多吃新鮮生菜，對你很有益處，因為黃色、橙色、紅色

和深綠色蔬果含有抗氧化營養素。只要搞懂哪些飲食成分能夠安頓舒緩心靈、情緒和身體，你就能引導自己做出更好的選擇，駕馭你可能體驗到的情緒雲霄飛車。

不受忙碌影響的健康飲食十大竅門：

❶ 用較小的盤子，避免飲食過量。

❷ 擬定一週的正餐計畫，每天思考該吃什麼。

❸ 日出盛宴、日落齋戒，將早餐規劃成一天中最豐盛的一餐。

❹ 因為時間不夠而飲食計畫受到干擾時，就改

③ 編按｜
西班牙的傳奇故事角色，以風流倜儻的性格聞名，出現於莫里哀、拜倫、莫札特等知名藝術家與音樂家的作品中。

喝營養豐富的精力湯。

❺吃有益於身體和內臟健康的食物。

❻降低糖分攝取。

❼食用有益生命的食物，避免隨興地跳過一餐。

❽吃當季的農產品。

❾有些食品為了延長銷售時間而摻有化學防腐劑，別吃那種東西。

❿每週定時替冰箱添購健康的補給品。

健康飲食宣言

我選擇**滋養**身體。

每天我都感到**幸福**圓滿。
我的身心靈都過著**充實圓滿**的生活。
我以**行動**支持自己的健康和福祉。
我強壯、快樂又**健康**。

9

睡眠

替你的身體充電

允許自己休息和放鬆

你醒來的時候有什麼感覺？你可以從中獲得很多訊息，得知前一天晚上和新的一天過得如何。毫無疑問，在我們的生活裡，睡眠是健康、自信和快樂的基礎。我們每天都需要優質的睡眠，才能重新充電，讓身體能量滿滿。

睡前敲敲鍵盤，發幾封信，或是快速瀏覽社群媒體，似乎無傷大雅，可是一旦你的心思活躍，一直在使用科技產品，可能會讓大腦誤以為你需要保持清醒。不論是在網路閒逛、在臉書看到令人興奮的內容，還是讀到一封負面的信，這些經驗都可能讓你很難放鬆地進入夢鄉。

在科技的包圍下度過一整天之後，你的心需要時間放鬆，騰出一些空間來準備夜間的修復過程。研究顯示，連最小的電子裝置都足以散發誤導大腦的光線，讓你更加清醒。不僅身為成人的你可能受到這些科技影響，孩子也不例外。

前半夜的睡眠最深沉，再生的功效也最大。在這段時間裡，你的身體原本就該處於休息、修復、回春的狀態下，甚至很可能在排毒（清除廢物）。這意謂著，為了培養規律的就寢習慣，你必須替自己設定上床睡覺的宵禁時間。

你的注意力放在何處，精力就往那裡流去，這點也適用於睡眠。我們都知道，若能安穩地沉睡一晚，感覺有多棒；而一整夜無法入睡，對健康有多大的危害。對許多人來說，一夜好眠就是健康的象徵。

適當的睡眠是健康生活的關鍵，對你的心臟、體重、消化、記憶、創意、生產力和免疫功能都有好處。在現今這個飽受失眠之苦的世界裡，能夠好眠至關緊要。

不過，我們時時勉強自己降格以求，直到根本不記得「顛峰表現」的感覺如何。把你的就寢時間當成一種約定——而且跟工作會議一樣優先和重要，實際上，這就是你與自己的約會。睡覺是讓身體恢復能量的最好方式之一，不僅是你能力所及，而且完全不用付出任何代價。

人體有兩種主要的賀爾蒙跟睡眠有關：血清素和褪黑激素。血清素這種快樂神經傳導物質，是一夜好眠的關鍵。血清素有放鬆身體的效果，搭配褪黑激素運作時，會幫忙調節睡眠週期。好消息是，你可以駕馭這股力量，協助自己更快入睡、睡得更沉。

當你在床上躺平放鬆時，體內的血清素就會增加。血清素是褪黑激素的前導，褪黑激素會幫忙引發睡意、降低體溫、調節睡眠週期。

成人需要的睡眠量因人而異，大概是每晚七到九個鐘頭。雖然有例外，但大多數人都是如此。那段期間的睡眠品質跟睡眠時間長短一樣重要。

四種改善睡眠的方式：

❶ **科技宵禁：**我們愛上科技產品，視為生活不可分的一部分，可惜多數螢幕湊巧都會散發藍光，破壞我們的睡眠週期，比方說智慧型手機、電腦螢幕和平板電腦。就寢前一個鐘頭禁止接觸科技。只要在臥室裡不碰科技產品，就很容易在生活中騰出更多空間。

❷ **在一天當中找時間活動一下：**坐姿並不符合人體構造，但久坐不動似乎取代了菸癮，成了新的癮頭。白天充滿活動力，和睡眠一樣，會帶給你一連串益處。動動你的身體，即使只是在上班的時候爬樓梯，或是晚餐過後繞繞住家附

近的街道。就算是稍微活動一下，也好過完全不動，而且動一動能幫助身體適當地休息。

❸ **禁吃宵夜**：規定自己睡前兩個鐘頭不再吃任何食物，才不會讓消化影響你的睡眠。除了飲食，也可以規定自己只能在午餐前喝咖啡，這樣咖啡因才不會害你睡不著。

❹ **就寢前卸下心事**：上床之前，把心頭上所有的事情都列成清單，最後再以感恩清單收尾。這種做法可以讓你的心思得到休息，並且讓感恩成為你清醒時的最後念頭。更好的做法是，從下列清單中挑一則宣言，讓大腦準備好進入平靜安寧的睡眠，使自己恢復精力。

睡眠宣言

我今天已經盡了**全力**。

今晚的**休息**是我應得的回報。

我帶著**愛**行事。

我思考時懷抱**仁慈**之心。

我以**純然的喜悅**結束這一天，現在要進入**深沉的睡眠**。

睡眠是將健康和身體
緊密相連的金鍊。

—— 湯馬斯・戴克
Thomas Dekker

10

獨處

給自己空間

沉默
是強大力量的來源

我們留給自己的時間不夠，其中一個原因是，這樣會讓我們有罪惡感——覺得應該在家裡做更多事、在工作上更投入、更常陪伴家人，還要好好運動和注意飲食等等。就像手上那張永無止境的待辦清單，想做更多事情的念頭始終揮之不去。當然，總有些人與事需要我們投注更多的時間和精力，可是為了自己，我們必須從扎實的根基開始。

在過去的世代，「事事以別人為優先，最後才想到自己」是一種美德，可是近年來，我們知道這麼做會讓人身心俱疲、沮喪忿恨。為了成為最好的伴侶、榜樣、朋友和員工，你**一定**要找個方法，定期讓自己重新充電，在不帶愧疚感的狀況下，依照個人需求，把時間留給自己。

在安靜的時光裡，你可以關機、降低噪音、自省、休息與恢復元氣，還可以活在當下、保持覺察、找出解決之道。隨著你逐漸成長，人生日益複雜，你會變得更嚴肅，過度專注在工作上，放棄獨處，不再花時間追求嗜好和個人興趣，然而，嗜好和興趣才能點燃你的熱情。我們常跟最親近的人說，如果事情的進展慢下來，我們就會更活在當下、更能付出愛。我們老是給自己開空頭支票，總是說只要以後有多一點時間，就會好好鍛鍊身體，吃更健康的食物。可是，每個人內心深處都清楚，想追求最快樂、最關鍵的生活，不會有比現在更好的時機。

關機並給自己時間，就是給身體休息的時間，投入補充能量的活動，從中獲得靈感。對有些人來說，第一步得先允許自己停下來，在日記裡撥出一點時間給自己。若想提升你的幸福和整體健康，就得先允許你的自我感覺變好，還要活得更好，變成更好的人。自我照顧是每個人都需要精通的基本能力。

擁抱你對安靜時光的需求，是你送給自己和身邊的人最棒的禮物之一。所以，爭取一些空間，做點有創意的事，走進花園，或是專注在一項嗜好上，撥時間運動。一旦你有機會享受安靜平和的時光，覺得再次充飽電，就會更有能力善待別人，照顧親人，對世界做出貢獻。

有三個方式可以製造獨處的機會，同時擺脫罪惡感：

❶ **克服舊有的恐懼：**將獨處視為安靜的機會，以及帶來啟發的體驗。只要鼓起勇氣，嘗試你真心想做的事，就能踏出舒適圈。你會在舒適圈之外綻放光芒。

❷ **拋開罪惡感：**社交互動和外來刺激可以為某些人注入精力（外向者）。有些人則唯有安靜獨處才能再次充電，等他們恢復活力之後，才能準備好再度面對世界（內向者）。外

向者和內向者各自擁有獨特的強項。所以，如果你偏向內向陣營，需要時間獨處才能恢復元氣，又何必覺得愧疚？那只是你的一部分，請接受並尊重這一點。

❸ **改變心態：**不要覺得安靜時光是帶有罪惡感的快樂，而是當成自我照料、重新提升能量的關鍵做法。獨處可以提供具修復力的靜謐和安寧，在度過步調快速、充滿挑戰的一天之後你會需要這種重要的時光。

大音希聲。④

—— 老子

④ 編按｜
意指人們對於最重要的聲音往往聽而不聞，正如天籟無聲，其實並非無聲，而是外在的聲音不足以表達其意蘊，故世人往往聽而不聞。此句原文為：「大方無隅，大器晚成，大音希聲，大象無形，道隱無名。」（《道德經》）

11 界限

保護你的資產

為了實現你想要的生活，
你必須學習
優雅說「不」的藝術。

設定界限是一種藝術，唯有精通這種能力，才能保護資產——而資產就是你。要成為健康的成人、有效地平衡工作和私人生活，界限至關緊要，你對自我有多敬重，從你的界限就看得出來。

個人界限就是我們為了保護自己不受他人擺布、利用或侵害，也為了不要扯自己後腿，而劃定的身體、情緒、心靈界限。這些界限將你是誰、你的想法和感受，跟別人的想法與感受區分開來。學習設定個人界限，對於向別人傳達你的自我價值，相當關鍵。

在自己的四周設定藩籬或界限，最大的好處是這麼做可以帶給你時間、空間和能量，讓你全心投入自己熱切追求的事物上，包括你的願景、夢想、目標和抱負。界限定義責任的起點和終點，讓你清楚何時該負起責任、何時可以放下，還能釐清你在人際關係與工作人脈上有哪些需求。

很多人覺得很難劃定界限，最後整個人淹沒在忿恨、挫折和淒慘的感覺裡，因為他們重視其他人的需求勝過自己。一提到設定有益的個人界限，他們的心裡總是有障礙，主要原因有三：害怕受到排擠、因為讓他人失望而愧疚、對於如何設下有效界限有所誤解。

這項絕佳的生活技能極為重要，原因很多。首先，界限定義了你這個人，是你實踐自我照顧和自我尊重的基礎。另一個原因是界限可以幫助你有效溝通，讓你學會優雅說「不」的藝術。你還可以透過界限在人際關係裡設下有益的限制，把時間和空間留給自己，用來涵養情緒、與他人互動。

為了實現你想要的生活，關鍵步驟是建立有益於自己的界限。界限會保護你的身體、心靈和情緒。你可以把界限想像成虛擬的一條線，讓你免於

設下個人界限，
讓自己擺脫「取悅別人的毛病」。

受他人的舉動、行為和要求所傷害，也不會因此而分神、惱怒或勉強自己。而且，一旦你依照自己的願景、價值觀和目標，設下個人界限，還可以免於扯自己後腿。

你可以在生活中的諸多領域裡設下界限。

——情緒方面——對自己誠實，滋養自己的能量。

——心理方面——掌控自己的思緒和信念。

——身體方面——針對你的環境、金錢、職場和科技產品培養好習慣。

——性愛方面——在兩人的關係裡擁有說「不」的權利。

——社會方面——對於自己要投入多少時間在人生中扮演的每個角色，以及每種人際關係上，全都由你決定。

——靈性方面——守護自己的本質、價值觀和願景。

設定界限的絕佳竅門：

——知道自己的限制。運用前一頁的清單，幫助自己清楚定義個人的界限。只要你心中浮現不自在的思緒或感受，界限就會鮮明起來。這些就是你針對運動、飲食、金錢和環境等方面，在他人和自己周圍設下的界限。

——要果斷。你可以這麼說：「抱歉，我現在不行，不過等我有辦法的時候，會再告訴你。」或是：「很謝謝你找我幫忙，可是我現在分身乏術，實在撥不出時間好好幫你。」

要堅定。如果有人無法接受你的拒絕，那你就知道對方可能不是真心的朋友，或是不尊重你。堅守自己的信念，不要為了他人的人生旅途，而背離自己的本質。

騰出空間。設下科技宵禁，為自己騰出空間，讓你能夠理理思緒，從一天的奔忙中恢復元氣。在一口答應別人提出的要求之前，請先花時間檢視自己的行程。為了自我保護，取消訂閱所有闖入你生活中的訊息，那只會讓你分心，你必須擬定屬於自己的必要清單。

有界限的生活不代表僵化死板或了無彈性，而是善用良好界限，耕耘方向明確的人生，享有深刻的意義和快樂。界限讓你擁有駕馭人生的能力。

直言無諱地回答——你是不是為了取悅別人，犧牲自己的快樂，因此而受苦？如果是，你的時間、健康、心情和個人承諾為此付出了多少代價？如果你覺得哪裡不對勁，就開口拒絕。

掌控自己的人生。

對自己說「**不**」的能力懷抱信心。

充滿自信地溝通你的想法和意見。

重要的是，誠實對待自己。

——莎士比亞

12

呼吸

保持平靜

你剛剛吸的那口氣……
就是一份贈禮。

呼吸是生命的核心，是我們踏入人生旅程所做的頭一件事，也是離開人世做的最後一件事。在一生的歲月裡，你大概呼吸五億口氣息。你可能沒意識到，身心和呼吸有密切的關連，可以彼此影響。我們的呼吸會因思緒而波動，反過來，我們的思緒和生理也會受到呼吸左右。

呼吸對大腦、神經系統和

所有內臟的功能來說，至關緊要。氧氣是提供身體能量的關鍵要素。我們勤於替手機充電，可是，記得——你每次只要吸飽一口氣，就等於在替身體充電。你的呼吸對身心有強大的影響——而且免費。呼吸隨傳隨到，是你忠實的朋友，在你最需要的時候陪伴在身邊。

有所節制的正念呼吸可以促進放鬆，有助於培養放鬆的反應。諸如太極、氣功、瑜伽等，長久以來都將焦點放在呼吸的力量上，將呼吸視為身心之間的連結。深呼吸可以幫助我們處理壓力，緩和緊繃的神經，降低血壓和焦慮程度。

呼吸日日夜夜都在進行，不用刻意思考。呼吸帶給我們生命力，可是我們不應該視為理所當然——如果可以更有意識地呼吸，精通放鬆呼吸的竅門，就可以掌控自己的健康和福祉。

負面情緒高漲，壓力指數上升時，你的呼吸會變得又短又淺，只用大約三分之一的肺容量。幸運的是，你可以藉由深呼吸運動，重新找回自己的身心健康。

深呼吸的四個益處：

❶ **讓肌肉放鬆：**你會發現，當你平靜地深呼吸時，身體就不容易維持緊繃狀態。

❷ **改善氧氣輸送：**當你深呼吸，整個人都放鬆下來的時候，新鮮氧氣就會注入體內的每個細胞，有效改善專注力和身體耐力。

❸ **有助於降低血壓**：高血壓的常見原因就是壓力，所以幫助減壓的深呼吸練習，對你的血壓也會有正面效果。

❹ **釋放腦內啡**：深呼吸可以促進身體分泌腦內啡，加強幸福的感受，並且緩解疼痛。

這些練習可以翻轉身體對壓力情境的自然反應，幫助你更有效地處理負面情緒，甚至是身體疼痛。我們無法永遠消除來自生活的壓力，卻可以學習怎麼用更健康的方式來面對它。

你不必把深呼吸當成乏味的例行工作，藉由留意自己的呼吸，很容易就可以轉化成自動自發的習慣，就像刷牙一樣。你可以透過一些簡單的起步，吸一口氣，擴張肺部，清空思緒，安定神經系統。不妨從三次呼吸的實驗開始練習吧：

—每天早晨醒來時，深呼吸三次再下床。

—走進淋浴間、享受熱水澡時，深呼吸三次。

—打開電腦、等待開機時，深呼吸三次。

—坐在車裡等紅綠燈時，試著深呼吸三次，透過起伏的腹部，把扣在腰間的那段安全帶往外推。

—坐上飛機時，深呼吸三次。

—夜裡就寢前，深呼吸三次。

將深呼吸三次的練習融入自己的日常習慣，不僅有助於減壓，還能讓你的思緒更清晰。深呼吸是很棒的方式，可以讓你在白天保持平靜與專注。重點全在於通往成功的小小步驟——一次深呼吸總比沒有好。

以下列出一些很棒的習慣，你可以從中學習深呼吸的技巧：

❶ 躺下來或是用舒服的姿勢坐著，讓自己不再左思右想，持續一到五分鐘。

❷ 給自己一點時間，開始放鬆肌肉，試著感覺哪裡很緊繃，然後釋放那裡的壓力。

❸ 慢慢數到五，深深吸氣，用空氣填滿你的肺。接著，把空氣帶入腹部，而不只是胸腔。

❹ 慢慢數到五，深深吐氣，完全清空你的肺。你吐氣的時候，就會釋放肌肉的緊繃。

❺ 繼續深深吸氣和吐氣幾分鐘，每次都慢慢數到五。專注在呼吸與次數上，感受身心的平靜。

若你想要好好呼吸，讓內心平靜，感受生活的幸福，最好的方法是固定天天練習深呼吸。讓呼吸成為日常的習慣，不久之後，你就會更有效率地呼吸，根本不用特別費神。

因為呼吸就是生命，
如果你好好呼吸，
就能在地球上活得長久。

——梵文諺語

13

正念

加強你的覺察力

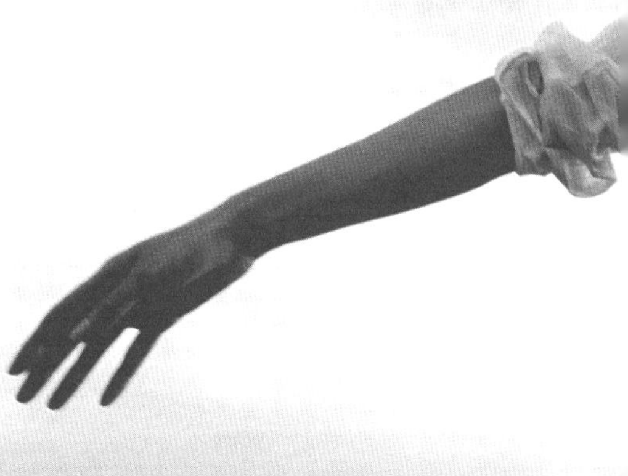

如果你訓練自己
對平凡的事物更有覺察力，
生活很快就會變得非比尋常。

任何人都可以實踐正念。不管你年紀多大、體能如何、是否信仰虔誠，都無所謂。正念並不是令人費解或充滿異國情調的東西；其實我們對正念頗為熟悉，因為那早已是我們密不可分的一部分。我們都有能力活在當下，透過這個簡單的做法得到不少益處。

在你所擁有的思路中，正念是最簡單、最清晰也最純粹的思路之一。透過正念，你可以培養一種能力和紀律——時刻留意自己正在何時做何事，逐漸掌握自己的思緒流動。

正念從古老的佛教冥想練習逐漸演化成日常的生活技能，目的在於追求安定的信心。正念這個概念看來相當簡單，但真正實踐起來可能會有點挑戰性——不過就像所有的事情，久而久之就會愈來愈容易。蘇格拉底睿智地說過：「學習和實踐，學習和實踐。」隨著時間過去，你可以把正念發展成日常生活的一部分，當你在走路、工作、蒔花弄草、寫作、下廚，甚至只是單純地存在於當下時，都能進行。

當你還年輕的時候，正念來得相當自然——你只需要看著學步的幼兒專心嗅聞花朵，或是摸摸青草，就可以目睹正念的運作。隨著年歲增長，有更多事情要思考，活在當下變得更困難。你是否曾經開車到某處，抵達目的地時，才意識到你對這段旅程毫無記憶？我們大部分人都有這樣的經驗！研究顯示，一般人有百分之四十七的時間都處於自動駕駛的狀態。以這種方式生活，我們往往忘了留意人生之美，因為我們渾然不覺，無視自己身體正在訴說的訊息，而且往往卡在舊有的心態裡。在自動駕駛的狀態中，我們很容易就會迷失在「做」上頭，於是時時發現自己努力掙扎，急於「完成事情」，而不是真正地活著。我們的心不在焉，剝奪了我們人生中的豐富。

正念是種冥想的形式，最了不起的地方在於，你隨時隨地可以實踐，不管你正在做什麼——在正念中進食、在正念中步行、在正念中工作、在正念中談話、在正念中生活……你就是這樣以生活中的黃金時刻，來填滿自己的信心。這樣的時刻成天都在你身邊，日日如此，而且大多免費。正念是我們自然擁有的東西，一旦我們每天實踐，就會變得更唾手可得。不論何時，只要你透過呼吸、五感或思緒，將覺察帶到你直接經驗到的事物上，你都是處於正念的狀態中。

另一種讓注意力回到此時此刻的有效方式，就是專注在你的五感上——視覺、聽覺、觸覺、味覺和嗅覺，這些都是你通往當下的門道。

五感提供我們一個很棒的起點，讓我們在熟練正念的過程中獲得信心。我們隨時可以運用五感，讓我們的心思立即回到當下。要記得，心不在焉是生活的常態，而我們愈常練習正念的基本原則，便愈懂得欣賞品味美妙人生。

感官的歡愉

——品嚐一杯好咖啡。
——用溫水潑灑自己的臉。
——聽孩子咯咯發笑。
——淋浴時熱水打在背上，整個人放鬆下來。
——聞一聞慢燉鍋裡濃郁可口的香味。
——用手撫摸寵物。
——吸一口剛出爐的蛋糕或餅乾香味。

—欣賞鮮豔花朵盛開的模樣。

—穿上你最愛的舊毛衣。

—用柔軟的毯子裹住自己。

—眺望海洋。

—凌晨在小鳥的啁啾聲中醒來。

—在清新的夏天早晨深呼吸。

正念宣言

正念冥想是我送給自己的**每日禮物**。

我在**不評判**自己或別人的情況下，觀察自己的思緒。

我愈發展靜心冥想的技巧，就愈貼近**真我**。

過活的方式有兩種：
一種是認定世上沒有奇蹟，
另一種是把事事皆當成奇蹟。

—— 愛因斯坦

13 正念

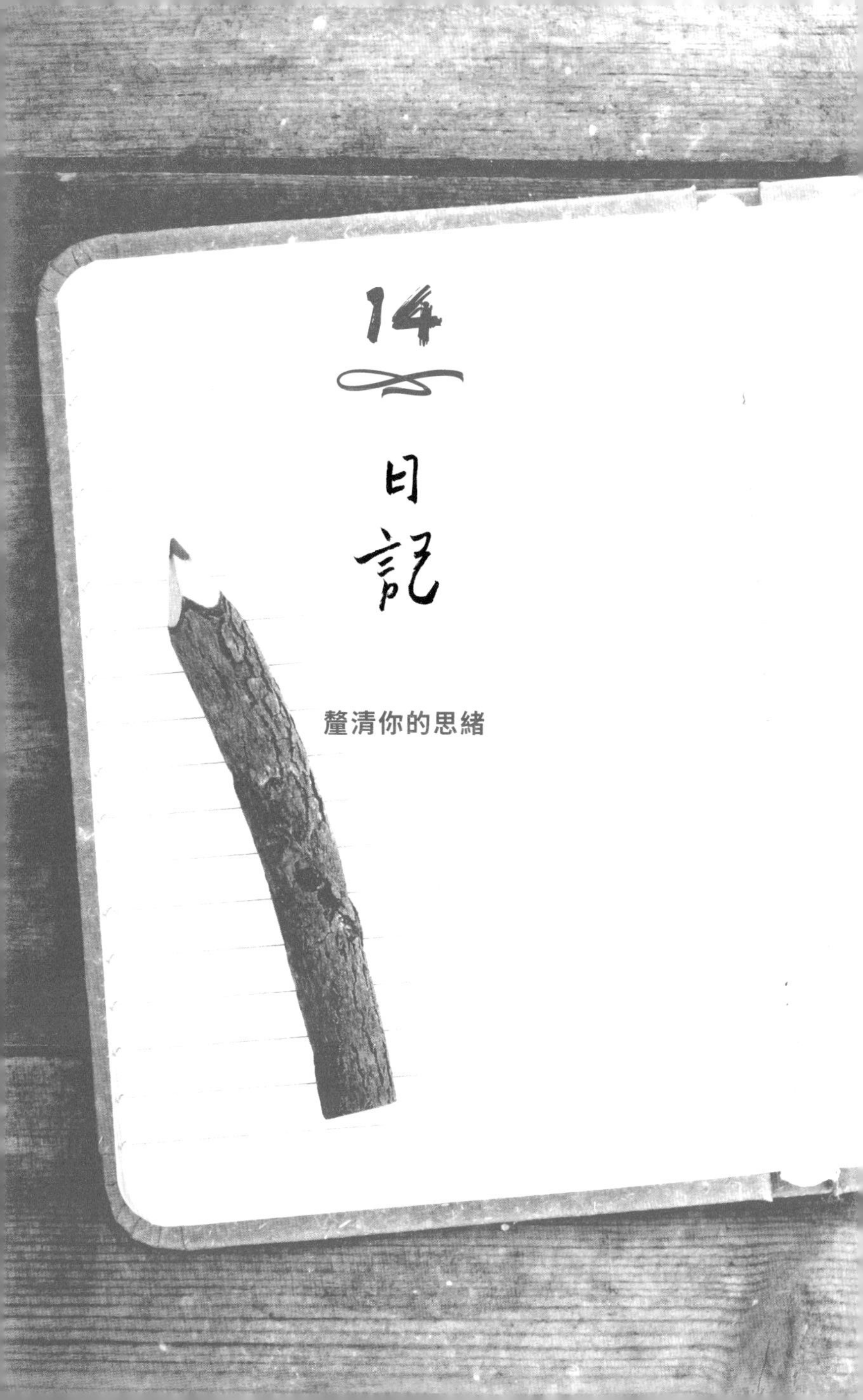

14

日記

釐清你的思緒

停止評判自己，
開始看見並連結你的本質。

日記是你思緒、經驗和觀察的書寫紀錄。透過寫日記，你的大腦可以更深入地消化思緒，更專心地尋思解決方案，不僅僅是想一想而已。每天寫日記，可以提升你的生活，而你只需要筆和紙就夠了。這項絕佳的生活技能值得你投入，養成習慣。

專家學者針對優異表現和非凡成就進行突破性的研究，

證實定期書寫日記能促進精神集中、增加自信、提升心理狀態、提高個人的快樂程度。

透過寫日記，你可以澄清自己的思緒和感受，而回報就是可貴的自我認識。解決問題時，這是頗有助益的方式：在紙上寫出某個問題，往往能更快找出解決方案。除了保持你的創意活水，固定書寫也可以將你從日常生活的壓力釋放出來，既安全無虞，又可以宣洩情緒。

寫日記沒什麼規則，方法也沒有對錯，因此讓寫日記成為一種絕佳的工具，可以成為生活的支柱。大多數人會買可愛的筆記本和筆，然後就開始動手書寫，不論是寫晨間日記，或是做為夜間儀式都可以。有些人一下筆就長篇大論，有些人可能偏好列點，兩種方式都同樣有效。

定期寫日記的益處：

—提升快樂與自信的程度。

—做為有效的壓力管理工具。

—讓你更深入地自我覺察。

—當你認可自己的行動與行為時，建立更好的習慣。

—透過感恩讓你的心情變好。

—療癒身心——寫日記是種情緒的抒發。

—在安心的環境下重新省思事件，讓你不帶恐懼

擁有自我價值的堅強基礎，能夠幫你做出最好的選擇。

或壓力地消化這些事件。

——打開心房，思考與溝通複雜的構想。

——有助於駕馭你的創意。

——建立自我紀律的習慣——為健康習慣打造骨牌效應。

——鼓勵自己專注於當下，讓你的五感更敏銳，喚起正念。

——提升你的情緒智商。

——在你加強語言和表達的能力時，同時提高智商。

——時時謹記自己的目標。

——讓你有地方記錄自己的順境、逆境、學習進展和值得記住的片刻。

剛開始寫日記的最佳起點

「從你此刻的人生處境開始寫起，例如你的人際關係、事業、居住環境、財務狀況和心態。正視現實，與內在連結。

「記錄每日進展。思考那些增進你動力、啟發你持續成長的小小勝利或成就，探索你親眼所見、感覺和體驗的事物。你的人生很美好、你的旅程引人入勝，所以記錄下來吧，你遇見的人、發生的事件，都會激勵你往前邁進。寫日記是很棒的省思活動。

「書寫你的日常洞見和學習所得。記下隻字片語、對話、引文、發生的事件、讀過的書、你發現的播客節目或歌曲，想想你希望其中的哪個部分融入自己往後的日常生活中。

—培養感恩之情。每天列出你感謝的一切與注意到的事物——這會提升你的心態，讓你更幸福。你可能會想在清單上加入你的家、朋友、親人、健康、食物、自然、娛樂或教育。透過感恩，將負面心態調整為正面心態。

—拋開憂慮，清空你的思緒，寫下盤據心中的念頭。不論是發揮創意，還是成長，都需要空間。所以，藉由寫下內心的憂慮，以及可以讓你安度難關的解決方案，便可消除心煩意亂。

—每天寫下你的目標。生活中有大量令人分心的事物，我們逐漸失去專注和有始有終的藝術。每天列出你的目標，對於自己追求的目標，保持同調、警覺和專注。

—保留一份長清單。列出自己最愛的歌曲、電影、引文、節日。在你感到焦慮、壓力太大或情緒低落時，這張清單會提振你的精神。

寫下心頭浮現的念頭。不受拘束地自由書寫，寫什麼都好，例如培養自己的方式、喜歡的活動、想要找出答案的問題、你的恐懼、存錢的理由、你渴望的工作、你引以為傲的特質、你看重的事物、幫助別人的方式、你做的判斷、情緒低落時可以做的事。

寫下正面的結語。每次替日記收尾時，用幾個字寫下可能解決問題的方案、你人生中感激的事物、帶給你希望的事物。

寫日記就像對自我低語
並同時傾聽。

布拉姆・斯托克
Bram Stoker
《吸血鬼伯爵德古拉》(*Dracula*)

15

學習

成長，進化，茁壯

重視教育勝過娛樂，會讓你擁有最棒的人生。

從你出生的那一刻起，到你離開人世，你永遠不會停止學習。你全心投入學習，生命因此獲得滋養，變得豐富，並且大幅提升。你不見得要在傳統的教室學習，甚至無須刻意決定學習——日常的生活經驗就足以提供大量的學習機會。有意識地投入終身學習，是最有價值的過程之一，將會拓展你的品味、觀點、寬容度和對世界的理解。

學習的力量驅動你個人轉變、成長，帶給你啟發和動力。證據顯示，在私人生活中追求成長和學習的人，和那些在專業領域成長茁壯的人有直接關連，這點更能激勵人們堅持終身學習。

當你在心理上或身體上掌握一個主題，吸收新知、擴展對某一主題的理解，這就是學習。其中不僅牽涉到思考，也涉及你整個存在，包含你的感官、感受、信念、價值觀、直覺和你成長的意願。如果你對學習沒興趣，你就不會學習。學習做為一項技巧，仰仗的不只是你的能力，還有你的動力、人格、學習風格和想要自我成長的開放心胸。它是種內在和外在兼具的活動，也是最棒的個人成長工具之一。

只要投入學習，你的大腦和心靈就可以持續擴展、更加投入，而不只是單純存在著。你的心靈需要刺激，才能以最佳狀態運作。透過持續學習，可以在年紀增長的同時，改善大腦功能。學習也能幫助你以正面心態看待生活中的變動，因為你走過的每個十年，都可能讓你獲得新工具和知識。

領導者就是學習者——世上最頂尖的人才肯定是全天候的學習者，而且絕不中斷教育，持續提升自己的能力。學習可以讓你的人生更刺激，幫助你理解這個世界。

如今知識隨手可得，比過去更容易追求。科技的進步打開了知識世界，你可以在網路上取得並分享資訊。不過最重要的是，你必須願意擴展自己的心靈，也許是踏出舒適圈，以便吸收新構想，擴展你的願景。

投入用心學習的絕佳理由：

——加強與提升你的技能。

——跟上科技的最新發展。

——免於無聊。

——增加信心、韌性和提升社會意識。

——增加你在人生中的收益。

——發展你的事業，成為有價值的資產。

——在你的領域裡成為專家。

——改善你的大腦健康。

——體驗自我實現。
——當孩子的榜樣。
——維持人生中的希望和幹勁。
——提升你的幸福。
——得到看待人生順逆起伏的新觀點。

如何學習？

要把握每日的學習機會，有很多簡單、有效和實際的方法，不會對你的生活造成不便。

一開始學習時，必須選擇你真心感興趣且有益於願景和目標的主題，並且全心投入。

——設定一些學習目標。

——每個月都要學習新事物。

——報名正規課程。

——去聽演講。

——學習是積少成多——聽TED演講、參加網路研討會、收聽播客節目。

——閱讀各種風格的書籍，包括小說和非小說，還要加入讀書會。

——讀電子書——很適合在通勤的時候閱讀。

——養成書寫習慣——打開心鎖，探究自己的深層思緒，尋得洞見。

——參加研討會，從中學習，和有志一同的人交流。

——旅行是一種絕佳的教育形式。

——開始寫一本書，採訪人們，從他們身上學習。

——在開車、走路、休息的時候，利用有聲書學習。

——看紀錄片。

——做志工——一面學習，一面貢獻自己的時間和能力。

記得對新的開創機會
保持開放的心胸和自由的觀點，
才能讓自己向前邁進。

16

感激

心存感謝

感恩就像是一帖有益於人際關係的維他命。

感恩是一種情緒狀態，也是擁抱美好人生的關鍵態度。培養「感恩的態度」不只是一時的風尚或新趨勢，這可能是我們唾手可得、卻往往受到忽略的工具之一，懂得感恩可以讓自己每天向上提升。

每天練習感恩，就能讓我們對人生有更大更深的滿足感。培養感恩態度不用花錢，更不會耗費多少時間，卻有數不清的好處。固定練習感恩的人，會花時間留意和回想自己感謝的事物，進而體驗到愈來愈多的正向感受，覺得更有活力，睡得更好，還會展現更多同理心和善意。

若希望內在更加和諧與平靜，感恩是最有效的方式之一。不論是身邊發生的事或自身遭遇，都不在我們的掌控中，但我們可以控制自己的反應。不要老想著未來，也別擔心過去，把焦點放在當下的美好上。與其把目光放在自己缺乏的東西上，不如聚焦在自己實際擁有的一切。正向心理學之父馬汀・塞利格曼（Martin Seligman）將感恩定義為：「能夠意識到好事發生，並且心懷感謝。」他認為感恩是種力量，可以和更大的宇宙產生連結，在我們的生活裡提供意義。

心懷感恩聽起來如此簡單，可是基於生物特性，這個過程對我們而言得來不易。人類天生就傾向「負面偏見」（negativity bias），這代表我們花在思索負面經驗的時間比較多，而花愈多時間關注負面經驗，給我們帶來的負擔就愈重。事實上，研究人員發現，負面情緒產生的衝擊度，比正面情緒大將近三倍。我們的負面偏見有種強大的演化目的：高度留意周遭的危險，讓人類從大自然的威脅中存活下來。不過史前時代距離久遠，我們在上班途中碰上劍齒虎的機會是零，所以逐步消除負面偏見的時候到了！

這些竅門能夠幫助你儘量降低負面偏見對人生和人際關係的影響：

故知足不辱，知止不殆，
可以長久。⑤

老子

⑤ 編按｜
懂得知足就不會蒙受屈辱，懂得適可而止就不會陷入困境，如此一來才可長久。

─覺察。意識到你的身體因為焦慮和害怕而處於戒備狀態。面對環境裡的負面影響，你可能會有強烈的反應。

─正念。給自己時間停下來，進行通盤思考，然後才回應某個情境。面對負面事件的時候，務必先深吸一口氣再反應。

─品味。當正面事件發生時，暫停一下，細細品味自己當下的感受幾分鐘。

─自我疼惜。照顧好自己和你的人際關係。讓你自己和家人有各種機會體驗正向事物。

─樂觀正面。研究顯示，負面經驗帶來的影響，比正面經驗大將近三倍。試著讓自己用充滿審慎樂觀的心態來生活。

只要善用「培養感恩態度」這個簡單的方式，就可以增進生活的滿意度和幸福度。

讓自己更懂得感恩的十種創意方法：

❶ 每天留意和欣賞大自然之美。

❷ 做一個感恩罐——每天寫些小紙條放進去，觀察自己正向思考的成長。

❸ 寫一封信給某個你不曾好好道謝的對象。

❹ 把萬事萬物都當成上天恩賜的禮物。別把早上喝的咖啡當成普通的咖啡，而是想成你正品嚐一杯美好的禮物。還有建立連結的禮物，大笑的禮物，微笑的禮物。

❺ 在日常中隨意行善。

❻ 更常微笑。

❼ 打定主意一天不抱怨。

❽ 為別人替你做的小事致謝。

❾ 享受小事帶來的快樂。想想你今天做的一件小事，問自己如果沒有這件事，你的生活會是什麼樣子。

❿ 持續寫感恩日記——在就寢前寫下今天值得感恩的三件事。

著手寫感恩日記的實用提示：

你欣賞**誰**？

你對**自己擁有的什麼物品**心懷感謝？

你對什麼**技能和能力**心懷感謝？

周遭環境中（住家、辦公室、鄰里、城市）有什麼讓你心懷感謝？

你認可哪些**經驗**？

什麼**機會**讓你心懷感謝？

什麼**人際關係**讓你心懷感謝？

在你視為理所當然的事物裡，有什麼是你可以**重新理解感受**的？

你今天**學到**什麼？

17

喜悅

創造極致的快樂

全心全意的喜樂
是一種持續、有意識、經過提升、
活力充沛的能量。

喜樂讓你的人生更美好。到頭來，這一生的快樂才是真正重要的事。喜悅、笑容、愛和幸福，都是種心境，亦是心的方向盤。喜樂讓你感到輕鬆，充滿信心、滿足與希望。在生活中創造極致的快樂，是一種重要的能力和習慣，確保你可以全心體驗人生。

你常常被教導工作優先，收穫隨之而來。你等待人生的甜頭，等待使用或穿戴「好東西」的那一天，等到一切臻至完美，才允許自己快樂。可是這種做法往往導致壓力、過勞、疲憊和悲慘。

人們有時會把自我照顧和自私混為一談。但如果你的心靈並不滿足、沒有懷抱強烈的幹勁、心中含怨，你就無法成為熱情洋溢、慷慨大方的自己。一旦你關注自己的喜樂，在人生中創造極致的快樂，你的內心就會感到充實，願意做出更多貢獻，也會有更多機會向你敞開，讓你輕鬆愉快地打造豐富的日常生活。

全心全意的喜樂是一種持續、有意識、經過提升、活力充沛的能量；當你明白怎麼創造喜樂時，就會知道怎麼駕馭，這股能量，展現生命的渴望與熱情，將你的動力和靈感帶向新層次。為了找出這種快樂的源頭，你必須盡全力掌握這項技巧，讓自己有能力獲得強烈而堅定的正向能量，把這股能量帶給自己和別人。這是你花錢也買不到的能力，只能靠自己培養——這就是你隱藏在內心深處的本質。

如何將快樂和喜樂變成日常習慣：

— 儘量深呼吸——這是控制心情最簡單的方式之一。
— 動動你的身體——改善你的人生觀和動機。
— 做你熱愛的事——以你愛做的事為中心，向外發展更多活動。
— 找到屬於你的族群——那些人會讓你發揮最好的一面。
— 心懷感恩——把焦點放在人生中的美好事物。

對某件事懷抱興趣，
將自己搖醒、培養一項嗜好，
讓熱忱之風掃遍你，
朝氣蓬勃地度過今天。

——卡內基

創造極致快樂的三種方式：

❶ **變成日常儀式：**每天都為自己創造極樂點（bliss points）。稍微用點心追求自己的喜樂和快樂，這些用心會逐漸累積，讓你的心靈充滿正能量。開始在每天的待辦清單加入一些帶來喜樂的事，例如和朋友聊天、上瑜伽課或拳擊課、享受泡澡、關掉手機、讀一本書、給自己一些空間、預約按摩、書寫日記、整理環境、收拾東西、善待自己。

❷ **培養嗜好：**據說，撥時間給自己是保持心智健全的關鍵。擁有嗜好可以改善人生的所有面向，不僅可以抒解壓力，讓你的創意有宣洩的出口，更是認識新朋友的最佳方式。

凡是為了樂趣而做的事，不是出於工作要求，都算嗜好。你可以在閒暇時間進行，不僅有助於解壓，還可以讓你和其他人互動，或加深你與自我的連結。富有創意的嗜好或是業餘計畫，能幫助你善用遊戲的心情，耕耘大腦專司思考的區域，讓你為自己做點事，協助你放鬆，帶來樂趣。一旦擁有一個充滿挑戰、讓你全心投入的出口，就可以為你打開新的思考方式，抒解壓力，讓你跟別人產生連結，並且為你的人生帶來極致的快樂。大部分功成名就的人都有自己的嗜好，比方說，已逝的賈伯斯發掘書法的樂趣；Evernote前執行長菲爾・利賓（Phil Libin）每天彈一個鐘頭的鋼琴；創作歌手瓊妮・密契爾（Joni Mitchell）則享受畫畫的快樂。

— 看看你的過去，哪段兒時回憶讓你開懷——你以前喜歡騎腳踏車、畫畫、玩樂器、烘焙或在戶外玩耍嗎？

— 單飛或社交——你需要獨處時間？還是想跟別人有所連結？

— 認清自己的預算——有些嗜好所費不貲，有些嗜好不花半毛錢。

— 請朋友幫忙——引介你參加讀書會，或是一起上些課程。

— 再試一次——敞開心胸接觸新事物，如果一開始你並不上手，也絕對不要輕言放棄。

❸ **願望清單**：就定義來說，願望清單就是目標清單，上面列出你死前想做的事或想嘗試的體驗。這份清單可以提供方向、靈感與動機，讓你敞開心房接受機會和夢想，在你的人生中耕耘喜樂和幸福。寫下願望清單可以讓你停下來，思考自己一生中真正想要體驗的事情，並且為你點燃希望和好奇心。

- **夢想激盪——隨意寫下你心頭浮現的事情，不受任何限制。**
- **汲取靈感——研究別人的願望清單。**
- **列出時間表——把這份清單分成二十來歲、三十來歲、四十來歲、五十來歲、六十來歲、七十來歲、八十來歲等階段，**

一一列出來。

- 和別人分享你的清單——這麼做可以創造共同興趣和認同，跟一個夥伴一同實現願望清單。
- 準備實踐前三個項目——開始規劃對象、何時、何地、方法。
- 慶祝——公布在部落格上，分享出去，貼在版上，啟發他人。

列出你的嗜好與願望清單

畫畫或素描	外語
讀書會	跳舞
攝影	運動
烘焙和廚藝	旅行
競賽型運動	DIY 手作計畫

55
60
5

18

時間管理

主導你的生活

容許自己擁有更多空間、更多睡眠和更多獨處時光。

管理好時間，就能掌握自己的人生。時間管理是制定計畫的過程，有意識地控制你投注在特定活動上的時間長短——尤其是為了提升效益、效率或生產力。你怎麼運用自己的時間和日子，反映了你如何度過人生，以及對人生的感受。

在這個愈來愈令人分心的世界裡，研究顯示，一般人在典型的上班日，總共會有一百二十六分鐘處於分神狀態，每隔十一分鐘就會遭到打斷，然後花二十五分鐘把心神重新聚焦在手邊的工作上，直到再次分心。每當有人問：「你好嗎？」我們都回答：「忙，真的忙翻了。」不過，我們往往忙得團團轉，卻沒有真正完成待辦清單上的任何事情，也並未達成那些為了實現理想人生而設下的目標。

忙碌並不是光榮勳章。時間管理和專注的藝術迅速成為至關緊要的技巧，這樣工作起來才會更省力，而不是更費勁。時間是你實現頂級人生最珍貴的資源。你只會把時間用在三種地方：思考、對話和行動。不管從事哪種行業，或是擁有什麼樣的生活風格，你的工作就是由這三項要素構成。

無法妥善管理每天的珍貴時間，後果就是增加壓力指數和焦慮程度，導致身體分泌皮質醇，引發不滿和挫折，覺得人生比較沒有價值。它會讓我們沒有精力投入和享受自己最重視的事，例如照顧自己的身體健康、福祉，經營人際關係和個人空間。

我們每天的時間都一樣多：二十四小時、七十二個二十分鐘，或者說一千四百四十分鐘。所以你怎麼運用時間？對你來說是否有用？

大多數人的心態就是我們活在「時間飢荒」裡——因為我們過度承諾、行程太滿，卻沒有足夠時間完成所有事情。在混亂的世界裡，你必須重新聚焦在最要緊的事情上，遵循你最高的目標，依照輕重緩急來生活。

有力的計畫正是有效時間管理的關鍵，可以帶給你某種自由感受，並且讓你獲得極佳成果。架構至關緊要，就像蓋房子，基地必須經過測量，並且擬定附有時間表的計畫。白紙黑字能夠幫助你分辨輕重緩急，輕鬆達成目標。有力的計畫、掌握時間管理的技巧，可以讓你自信滿滿，更幸福地度過人生。

記得，你每天做的決定會左右你的人生品質。有時你必須對好事說不，才能撥出空間給你計畫投入的大事，擁有成果豐碩和真實無虛的人生。

掌握時間的超強策略

- **以清晰的焦點和目標展開一天。**
- **一份按照輕重緩急排序、保有彈性的任務清單。**

- 儘量把事情分派出去，這樣就可以空出時間來處理大事。
- 必要時有意識地妥協，畢竟人和才是最重要的。
- 把焦點放在最有價值的事情上，就是那些有助於實現目標的核心活動。
- 將干擾降至最低，認清你對完美的期待並不實際。
- 先做一天當中最難的事情，不再拖延——做就對了。
- 避免一心多用，因為會影響效率和專注力。
- 審視這一天，歡慶並準備迎接明天。

189

18 時間管理

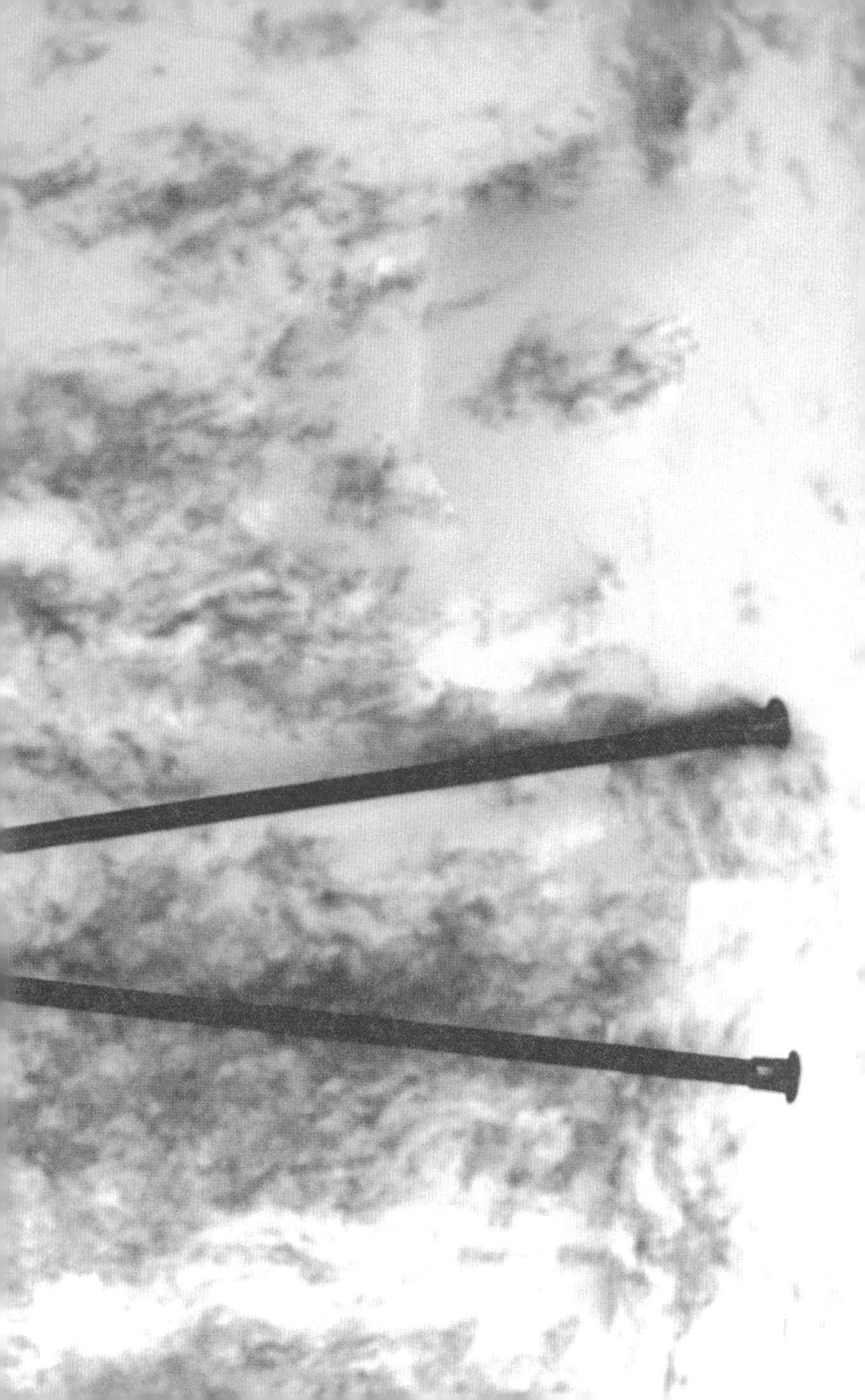

19

習慣

掌控你的能力

掌握你的習慣，
你的人生將因此轉變。

習慣就是每日生活的基石。不管是好是壞，你的習慣都形塑了你，而你到目前為止的人生正是所有習慣的總和。在你邁向理想自我的路上，好習慣會是強大的盟友。壞習慣則像是壓在肩上的重擔，會破壞你的良好初衷。掌握你的習慣，支持自己的願景和目標，你的人生將因此轉變。

你是否曾經納悶，為什麼

下午三點一到，就發現自己自動吞下巧克力碎片餅乾，而你明明向自己承諾過今天不會再吃？幸好我們知道這種行為正常又自然，是你自己發展出來的習慣，就像刷牙或使用電腦。這些行為，不管好壞，都在你的大腦裡形成事先設定好的路徑。好消息是，要扭轉壞習慣、開始過更快樂、更健康的生活，永遠不嫌遲。

習慣之所以出現，是因為大腦時時在尋找省力的方式。大家每天的行動裡有百分之四十不是真正的決定，而是出於習慣。麻省理工學院的研究人員發現，每個習慣核心都有個簡單的神經迴圈，分別由三部分組成：信號、慣例和獎賞。正如維持生活平衡的做法，每個人改變習慣的方式也各有不同，而這個迴圈提供一個理解習慣如何運作的框架，以及如何改變習慣的實驗指南。

習慣迴圈

❶ 先有信號觸動你的大腦進入自動模式，並且指示大腦運用哪個習慣。

❷ 接著就是慣例，身體、心理或情緒都有習以為常的反應。

❸ 最後，獎賞讓你的大腦明白這個特定的迴圈值得記住，因為未來還會派上用場。

久而久之，這個信號—慣例—獎賞的迴圈會愈來愈自動化。信號和獎賞會彼此交織，最後引發一股強烈的期待和渴望。

當習慣成形的時候，大腦不再全程參與下決定的過程。所以，除非你刻意找出新慣例來抵抗舊習慣，否則這個模式就只能自動持續下去。習慣從此編入你的大腦結構，永遠不會真的消失。不過，一旦明白習慣如何運作，我們就能選擇自己的習慣。當你瞭解習慣可以改變，你就得到自由，也有責任去改變習慣。

既然瞭解了習慣迴圈，下一步就是決定何時開始你的新習慣。為了給你的新習慣有最佳的成功機會，不妨把它排在早上。我們通常會盡可能把需要高度專注力和腦力的工作排在早晨，因為那時我們的自我調節能力最好。一天下來，自我調節能力會慢慢變弱，所以才會需要在下午三點補充提神的食物和飲料，或是找到不去運動的理由。最後，記得你的大腦喜歡新事物，所以偶爾變化一下，調整獎賞。藉由這個做法，你會有另一波靈感，可以用來推動你的習慣。

只要回答這五個問題，就能深刻地洞察自己的習慣：

❶ 你在哪裡？
❷ 現在幾點？
❸ 你的情緒狀態如何？
❹ 身邊還有誰？
❺ 在衝動之前你採取什麼行動？

一接收到習慣的信號，就寫下這五個問題的答案。這樣一來，你便可以踏出第一步，做出持久的改變。接著，你只要自問下列問題就好：

我想改變的**壞習慣**是什麼？

什麼會**引發**這個習慣？

為了改變慣性，我想建立的**好習慣**是什麼？

改變習慣的黃金守則

——不要抗拒渴望，而是改變它的方向。

——為了終結壞習慣，用新的慣例來取而代之。

——改變獎賞，免得氣餒。

——渴望可以用來強化好習慣。

——小小的勝利相當重要，因為可以累積動力。

——只靠「想像」無法形塑新習慣，一定要採取行動才行。

——所有習慣都會形成「信號—慣例—獎賞」的迴圈。

動機帶你起步

習慣則讓你持續下去。

—— 吉姆·羅恩
Jim Rohn

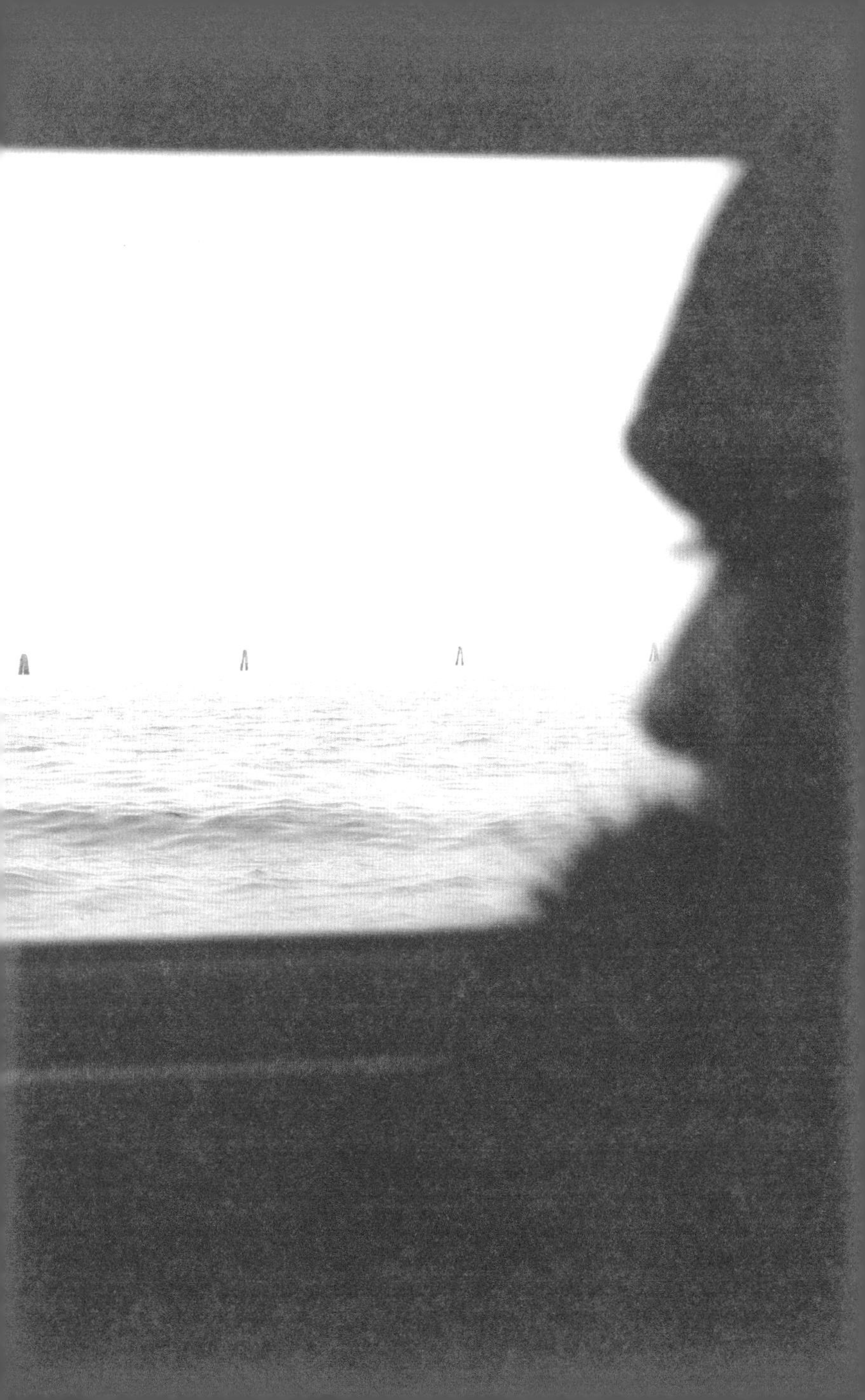

20

願景

你的人生規劃

如果你沒有願景，
也沒有通往目標的路徑，
你的目標要何去何從？

你的個人願景就是通向未來的路線圖。它有時是一股充滿動力的強大力量，目標明確，符合你的價值觀和初衷，可以啟發你年年成長、發展和茁壯。對於長期的成功來說，創造願景和人生規劃的技巧無比重要。

願景不只是你未來可能的樣貌，也是一種呼籲，向更好的自己致意，召喚你讓人生更上層樓，讓你勇於實現夢想，打造未來的版圖。

有益的願景和人生規劃，奠基於自己的價值觀，會驅策你的決定、目標和行動，並在過程中大大提升你的自信。願景讓你清楚知道人生的走向，啟發你，讓你有動力好好把握人生的每個篇章，以不可思議的收穫讓你得以補充能量。沒有計畫或願景的代價，就是停滯不前——動也不動、毫無成長、感到挫折、原地打轉、做著一樣老套的事情，同時看著別人發光發熱。

願景愈清晰，你就愈可能留在前往目標的正軌上，最後達成你為自己設下的目標。天天都有令人分心的事物，你很容易就會偏離方向，失去對核心事物的專注，錯失成功的機會。你設定的目標，作用就像通往願景的路標。

替自己設定願景，可以帶給你幹勁，發掘自己的天賦，努力實現潛能，敞開心胸接收機會，點燃內心的火花。一旦你抬頭仰望、拓展心靈並擺脫單調的日子，就能擁有更開闊的眼界。願景可以給你的心靈一個計畫、一條道路、一個可以前往的目的地、一些可供追求的重要目標，並成為另一種幫助判斷的工具，在人生中支持你前進。

為了開始規劃你的人生，追求最好的未來願景，你必須大膽行事，任由想像力判定你在人生中最想要的是什麼，這樣你就能籌劃該怎麼實現。很多人從三年計畫開始，進而發展出五年計畫，再來是十年計畫。你可以打造一面願景板，上頭放滿吸引你的圖片，或者你可以拿起筆，寫下幾段文字，描述自己的人生願景。結合這兩者，就會帶來豐沛的靈感，達成最佳目標。

不要受到恐懼或自扯後腿的思緒所限，勇於寫下浮現心頭的任何事情。想像自己不會因為缺乏金援、適當能力和時間而受限。這份清單列出了你的希望和夢想，還有你想在未來有什麼感受。回答問題是最有效的方式，可以讓你深入思考任何主題。

有益於實現三年願景的思考起點

- 你三年後幾歲？在紙張最上頭寫下來。
- 你的價值觀是什麼？
- 對你來說什麼最重要？
- 你希望朋友、同事和家人怎麼形容你？

— 誰可以啟發你？為什麼？誰是你的榜樣和良師？

— 你想要什麼樣的人生經驗？

— 你目前賺多少錢？你怎麼處理這些錢？

— 你想要多健美、強壯和靈活？

— 你目前想去哪裡旅行？

— 你喜歡自己的什麼地方？

— 什麼會讓你發笑，帶來喜悅？

— 你克服過什麼樣的困境？

— 你的內心深處想要什麼樣的未來？

— 你需要誰的允許，才可以開始承擔責任？

— 你即將做什麼樣的工作？你對這份工作有什麼感受？

「你的健康狀況如何？什麼造成了這些狀況？

「誰為你的人生帶來喜樂？你們在一起的時候都怎麼過？

「你正在學什麼？這點如何改變你的生活？

「你做什麼娛樂？你有什麼嗜好或熱衷的計畫？

「你住哪裡？什麼會讓你覺得彷彿身在天堂？

「你克服了什麼情緒？

沒有行動的願景是白日夢。
沒有願景的行動是夢魘。

——日本諺語

209

20 願景

願景
喜悅

你的願景板

願景板就是用視覺創意呈現你理想中的人生樣貌，可以幫助你找出目標、洞見、方向和信心，你還可以藉由審視願景板來檢查自己的進展。剪下圖片貼在板子上，或是利用 Pinterest 網站創造一幅人生地圖。運用文字和圖片呈現你想去旅行的地方、結實和健康的身體、你的事業目標、啟發人心的引文，也可以用照片（朋友和家人、居住空間、車子、想嘗試的活動）——只要能吸引靈思泉湧的未來自我，什麼都行。

視覺創意是值得實踐的人生技能。你的願景文和願景板必須引人入勝、令人興奮、具有啟發性。以現在式寫下你的三年願景，這樣就能刺激並傳達你對人生的心情和熱情。那些圖片和文字愈清楚，你就愈容易訂定目標、獲得機會、成長茁壯並往前邁進。每天務必看看願景板和這些文字，以便保有清明、焦點與靈感。啟動這項實驗吧，讓人生規劃做你的後援！

關於核心主義者

(The Essentialists)

我們的宗旨

核心主義者致力於透過生活和福祉的核心技能，加強個人、團體與組織的參與、教育及賦權。

核心主義者協助大家掌握基礎生活和福祉技巧，投入個人和專業生活的核心事務，進而掌控自己的健康福祉，最終獲得幸福。我們一心想幫助大家學會技巧，在僅有一次的寶貴人生中，以最好、最聰明與最真誠的方式，善用自己的時間和精力。

核心主義者的重點不在於做更多事，而是只做適合自己的事情，不管你處於人生旅程的哪個階段。一旦洞悉核心關鍵，就可以讓工作和自我照顧變得更有效果，最終帶來事業與生活上的突破。在日常生活中，讓領導能力、人際關係、自我照顧、感恩、同理心和喜樂都更上層樓。核心主義者的課程成果，在在見證了這個目標。

核心主義者是誰？

生活與福祉技巧教育家：香娜・甘迺迪（Shannah Kennedy）&琳黛・密契爾（Lyndall Mitchell）。

香娜和琳黛，無論就團隊或個人來說，都是澳洲公認的生活與福祉教育領袖。她們結合了三十多年的教學、演講、執行教練經驗，對象遍及全球的公共與企業單位。她們的著作《從混亂到平靜：懷抱信心掌控情勢》（*Chaos to Calm: Take Control with Confidence*）幫助許多人打造卓越的人生。

她們規劃的生活福祉和人生教練課程，具有極大影響力，挑戰客戶去質疑不計代價追求「成功」的做法，明瞭找出核心事務正是關鍵所在，而她倆的生活時時刻刻都遵循著這份宣言。

香娜和琳黛攜手提供豐富的經驗，以及互補的專業和方法，將她們對全球客戶的影響極大化。她們身為職業婦女，在家庭和蒸蒸日上的事業之間奔忙，對自己的健康與福祉卻抱持不可妥協的立場，並且忠於核心的基礎生活技能，使得她們能夠持續留在正軌上，於人生的旅程中日益成長。

作者宣言

我們致力於提供技巧和知識，
以翻轉生活和工作的方式，
消除令人分神與磨耗身心的事物，
明白自我照顧的價值，
並且回歸核心。

香娜＆琳黛

若想預約核心主義者到你的下一場研討會演說，
或是得知她們更多的想法，
請造訪www.theessentialists.com.au

參考資料

1.

Dominican.edu.（2017）研究顯示，寫下目標能夠提高達成率——加州多明尼加大學（*Dominican University of California*）網址：http://www.dominican.edu/dominicannews/study-demonstrates-that-writing-goals-enhances-goal-achivement（2017年7月14日閱）。

2.

Dweck, Carol S.《心態》第一版（*Mindset*. 1st ed.）。New York: Ballatine Books, 2008. Print.

3.

Lyubomirsky, Sonja.《快樂的方法》第一版（*The How of Happiness*.1st ed.）。New York: Penguin Books, 2008. Print.

謝詞

我們想向企鵝藍燈書屋的團隊
表達深切的感激，
他們支持並相信我們的熱情所在：
透過生活和福祉的核心技巧來教育全世界。

感謝我們的讀者和客戶，
他們常常給我們正面回饋，
並對我們這份極為重要的教育啟發工作
表達感激之情——
你們讓我們能夠持續全心投入核心事務，
並且得以蓬勃發展，活出最美好的生活。

人生顧問 0339

讓我把日子過得明朗一點

20個從內到外的生活約定

作　者—香娜・甘迺迪（Shannah Kennedy）、琳黛・密契爾（Lyndall Mitchell）
譯　者—謝靜雯
主　編—沈維君
編　輯—林慧雯
責任企劃—潘彥捷
封面暨內頁設計—江孟達
內頁排版—林淑慧

總編輯—曾文娟
發行人—趙政岷
出版者—時報文化出版企業股份有限公司
一〇八〇三 台北市和平西路三段二四〇號七樓
發行專線—（〇二）二三〇六六八四二
讀者服務專線—〇八〇〇二三一七〇五
（〇二）二三〇四七一〇三
讀者服務傳真—（〇二）二三〇四六八五八
郵撥—一九三四四七二四時報文化出版公司
信箱—台北郵政七九～九九信箱
時報悅讀網— http://www.readingtimes.com.tw
電子郵件信箱— ctliving@readingtimes.com.tw
時報出版臉書— https://www.facebook.com/readingtimes.fans
法律顧問—理律法律事務所 陳長文律師、李念祖律師
印　刷—盈昌印刷有限公司
初版一刷—二〇一八年十二月十四日
定　價—新台幣三二〇元
（缺頁或破損的書，請寄回更換）

時報文化出版公司成立於一九七五年，
一九九九年股票上櫃公開發行，二〇〇八年脫離中時集團非屬旺中，
以「尊重智慧與創意的文化事業」為信念。

讓我把日子過得明朗一點：20個從內到外的生活約定／香娜．甘迺迪(Shannah Kennedy), 琳黛．密契爾(Lyndall Mitchell)作；謝靜雯譯. -- 初版. -- 臺北市：時報文化, 2018.12
面；　公分. -- (人生顧問；339)
譯自：Shine : 20 secrets to a happy life
ISBN 978-957-13-7601-1(平裝)

1.自我實現 2.生活指導

177.2　　107018709

ISBN 978-957-13-7601-1(平裝)
Printed in Taiwan